ややこしい本を読む技術

吉岡友治

草思社

はじめに

「ややこしい本」とは何か？　たぶん、読まなければと分かっているけど、何か読みにくくて、しばし積読（つんどく）状態になっているような本でしょう。因果なもので、我々は「〜しなければ」と思うと、そこから全力で逃げたくなる癖があります。でも、「〜しなければ」と感じているのもまた自分であり、逃げ出したところで、「読まなければ」という必要性が変わるわけではありません。後で「読んどきゃよかった」と後悔するにしても、「あんな本は別に読まなくてもよかったんだ。何の役にも立たない」と自己正当化するにしても、それでも心のどこかにひっかかりを感じてしまう。

実は、私も今まで、そういう本にたくさん出会い、そのあるものは無事に読み終え、あるものは未だに読めていません。かつてオイル・ショックでは、文庫本が一年で二倍以上の価格になったので、あわてて食費を削って買い込みました。でも、そのとき買った本の過半は未だ読んでいません。それでも、読むべき「ややこしき本」は、時を重ねるにつれ、次々と出現し、「早く読んでくれ！」と耳元で語りかけます。その声が聞こえたときは、ネット通販で、とりあえず注文するのですが、届いたときには「なぜ、この本を買おうと思ったのか？」と呆然とすることもしばしばです。

そんな私ですが、何十年も失敗を繰り返すうちに、いくつか方法らしきものをつかめるようになりました。本を読む場合に、最大の問題は「読まなければ」という直感は長続きしない、ということです。直感は一瞬で得られますが、それを十分に実現するには、一定の時間を使わねばなりません。だから、「読まなければ」という直感を、現実の「読む」という行為につなげる戦略が必要になる。それがないと、やみくもに読み始めても、なかなか読み終えられなかったり、そもそも読み始めることもできなかったり、という羽目に陥ります。

「ややこしい本」を読むための戦略とは何か？　簡単に言うと「本と対話できる私を準備すること」です。すべての人が「ややこしい本」を読めるわけではありません。「ややこしい本」はマラソンのようなものです。何のトレーニングもしないで、マラソンを3時間以下では走れないように、読むという作業は、いきなり参加しても完走はできません。混乱して途中棄権するか、救急搬送されてドクターストップになるか、のいずれかでしょう。少しずつトレーニングして、体力をつけて、自分のコンディションを整えて、それから挑戦する。読むことだって、そういう積み重ねの結果として可能になるのです。

本や文章は、たんに役立つ情報や知識を与えてくれるだけではありません。そういう本は別に「ややこしく」ないからです。「世界の人口が、今何人で、これからどうなると予測されるか？」とか「日本のＧＤＰの順位がどんどん下がって、どんな問題が生ずるか」なんて情報や知識は、データを確認すればだいたい分かることで、ややこしくも何ともありません。中学二年程度の読解力で足ります。新聞とかニュースは、そういうレベルです。

でも「ややこしい本」とは、すでにある情報や知識を与えるだけではなく、既存の常識を揺さぶって、現在読んでいるその人に問いかけることで、その人が疑問を持ち、それをまた本に投げかけつつ、答えを求めつつ本からの挑戦を受けるという相互行為を要求する本です。その結果として、世界のより深い理解につながるのです。よく「100冊読め！」などと量を強調する言説がありますが、量が大切でないとは言いませんが、正しい方法を取らないと読み進めることはできないのです。

この本では、通常の読書術のように、抽象的な心構えやルールを述べるだけではなく、それがどのように具体的な「読む」という行為に応用されるのか、さまざまな文章を使って検証していきます。タイトルや目次の読み取りから始まって、「ややこしい本」の基本の叙述構造を解き明かし、少しずつ複雑な叙述の仕方に導いていく。そのうえで、大冊の経済書にその方法を応用して、全体像をどう捉えるか、タイトル・目次・章立て・データの読み取りを実際に演習する、という構成にしました。例文については、積極的に大学・大学院の入試問題を使いました。どんな力が求められているか、明確にする意図もあります。これらの記述についてこられれば、「ややこしい本」の作法に慣れて、その中で頭が活発に動く基盤を作ることができるはずです。巻末には、おすすめの「ややこしい本」リストも付けてみました。「読むべき」とはありますが、一部に触れるだけでもけっこうです。それでも、どこかで筆者の問題意識の迫力が感じられれば、その後、何度も思い返して、内容が自分の思考に分かちがたく一体化してくるのが感じられるはずです。

もちろん、このような相互的な関係は、読んでいる本と自分の間にだけ成立するのではありません。それは、同じ本を共有するすべての人間たち、しかも現存する人間たちとの間だけではなく、もういなくなった人たちとの対話も可能にします。その意味で、「ややこしい本」は一人一人が持っている時空を拡げて、生きている人・いなくなった人々との交感と交友を可能にする場になるはずです。そんな人たちと激論できたら、あるいは、せめて、その議論の場の端っこで議論の様子を聞いていられたら、この世はどんなに刺激的になるでしょうか⁉　豊かで面白い人生を送るためにも、ぜひ、その場に参加できるようになってほしいと思います。私自身も、その途上にあります。そういう仲間の一人からの伝言として、この本を役立てていただけたら、著者として、これほどの幸せはありません。

『ややこしい本を読む技術』目次

第2部　読みながらすべきこと

❹理屈はきっちりとたどる——根拠が分かる自分を作る　83

第3部　読み返しつつ考える

第4部　ややこしい大著を読む

第5部 対話して世界を広げる

本文デザイン・ＤＴＰ　長谷眞砂子

第1部　読む前に準備する

❶「読む」とはどういうことか？――ウォーミング・アップ

「ややこしい本を読む」とはどういうことでしょうか？　この問いに対しては、読書好きでも「分かっているよ」と、すぐには片付けられません。なぜなら、この種の本を読むのは「普通の読書」とは、だいぶ違っているはずだからです。

「普通の読書」は、まず楽しむのが目的です。意外なストーリー展開に「どうなるのかしら？」とハラハラドキドキし、「やっぱり、そうだよなー」と共感し、読んでいくうちに心があちこちと動かされる。そうやって数時間経過して、終わるとすっきりさわやかな気分。その感覚を味わいたくて、また次の本を読む。そんな感じでしょうか？

たとえば、推理小説で犯人が分かるまでのハラハラドキドキ感にはまると、『Xの殺人事件』『Yの殺人事件』『Zの殺人事件』と次々読みたくなる。あるいは恋愛小説では、リゾート地で出会った異性に心を奪われ、初めは感じが悪かったのに、いつの間にか心が引かれ、至福の時を過ごす……筋立ては似ているのに、あれもこれも読みたくなる。気がつくと、どっぷりと「ロマンス中毒」になっている。

読むことは没入・熱中か？

こんなふうに本を読む人に向かって、いくら「いい加減に止めなさい！」と言っても、なかなか読むのを止めません。それどころか、電車の中で、ベッドの中で、トイレの中で、あらゆる所であらゆる機会を利用して読みまくります。平安時代の書き手菅原孝標女の『更級日記』は、そういう没入と集中をよく伝えています。

> はしるはしる、わづかに見つつ、心もえず心もとなく思ふ源氏を、一の巻よりして、人もまじらず、几帳の内にうちふしてひきいでつつ見る心地、后の位もなににかはせむ。ひるはひぐらし、よるはめのさめたるかぎり、火をちかくともして、これを見るよりほかの事なければ、をのづからなどは、そらにおぼえうかぶ。

飛ばし飛ばしで断片しか見ていないので、よく分からず、じれったいと思っていた『源氏物語』を、第一巻から誰とも会わず、部屋の中で横になって取り出して読むときの気持ちといったら、皇后の位さえどうでもいいと感じる。昼は一日、夜は起きている限り、明かりをともして近くにおいて物語を読むだけ。だから自然に暗記してしまう。

スピード感がすごいですね。「はしるはしる」という冒頭から、たった二行で「后の位もなににかはせむ」（皇后の位さえどうでもいい）まで、一気に舞い上がる。「読書が好き」とか「読書が趣味」とかいうような人は、だいたい子ども時代にこんな体験をしています。私も、小学校のときには図書館が整備されていなかったので、渡り廊下の一部を改造した薄暗い図書室で、アイザック・アシモフなどのＳＦ小説を読みふけっていました。残念ながら、こんなふうに読書に没入する時期は、あっという間に終わります。『更級日記』の作者も、すぐ次のように続けます。

> 夢にいときよげなる僧の、黄なる地の袈裟着たるが来て、「法華経五巻をとくならへ」といふと見れど……われは……さかりにならば、かたちもかぎりなくよく、かみもいみじくながくなりなむ。ひかるの源氏のゆふがほ、宇治の大将のうき舟の女ぎみのやうにこそあらめと思ける心、まづいとはかなくあさまし。

夢の中で、非常に清らかなお坊さんで、黄色の袈裟を着たお方が出てきて、「法華経五巻を早くお習いなさい」というのを見たのだけれど……「私は……成長したら、見た目もすごくきれいになって、髪もとても長くなるはず。きっと源氏物語の夕顔とか、宇治十帖の浮舟のようになる」と思っていた。今考えると、その気持ちは呆れるほどばかばかしい。

つまり、「源氏物語を読みふける」のは至福の読書体験だったけど「今になって思うと、何の役にも立たなかった、ああ、夢でお坊様が仰った通り。あのとき、ややこしい法華経読んどきゃよかった」という。年をとってから「何て私はバカだったの！」と悔やむのです。

ややこしい本とは何か？

こういう「至福の読書」体験がない人には、すべての本が『法華経』のように見えるかもしれません。でも、読書好きでも「ややこしい本」は『法華経』のようなものです。「読まなきゃならない」とされ、自分でも「読まなきゃ」と思う本は、なかなか取りかかれない。やっと読み始めても「楽しい！　楽しい！　楽しい！」とはなりにくい。でも、何とかして読まなきゃならないし読まなきゃ後で後悔する、と気ばかり焦る……。

そういう、自分にとっての「ややこしい本」が何か、は個人の必要や時代・社会の状況によって違うでしょう。『更級日記』の時代には、極楽往生に導くお経だったかもしれないが、近代労働者なら、自分たちの貧しさを経済・社会から解明する『資本論』や『共産党宣言』かもしれません。大学生だったら『刑法綱要』や『西洋経済史』『解析概論』あたりかもしれない。

いずれにしても、自分の生き方や周囲・社会や宇宙のあり方を教えてくれ、その後の**人生において、さまざまなヒントと参照元になるのが「ややこしい本」**と言っていいでしょう。

とはいえ、それは専門書・学術書とは限りません。専門書・学術書は、その世界にどっぷり浸かった人のためのものです。読む人も少ないので、そもそも本の形は取れず、当該分野の細かく深い知識・情報を集めた「論文」の形になることも多い。でも、「ややこしい本」は、まとまった一冊の本の形になっていて、対象についての全体像を与え、周辺分野との関係も示し、現代社会で生きていく我々に何らかの有益な示唆を与えてくれます。だから、専門家以外の人も読むし、商業的な書籍という形が取れる。

ただ、菅原孝標女があれほど熱中した『源氏物語』だって、現代人が原文で読もうとしたら、注や訳も参照しなければなりません。一度にたくさんは読めず、スピード感も失せる。「ひるはひぐらし、よるはめのさめたるかぎり」なんてリーディング・ハイな状態にはたどりつけない。一頁読むたびに注や説明と本文を行ったり来たり「うーん、この理解でいいのか？」と迷う。

私は、マルクスの『資本論』を大学時代に読んだことがありますが、「資本論、楽しかった！」という想い出はありません。むしろ「大変だった」「長かった」「苦しかった」という記憶ばかり。それでも、読み終わったときには「よくやった！」と自分をほめたくなったのですが、それは後のこと。そのときはただただ苦行に近い体験でした。

ややこしい本を読む → 没入にはならない

読み通すには工夫がいる

「ややこしい」本は、固く決意しても途中で挫折することが多いので、なかなか結果が出ません。結果が出にくいものには、ずっと注意を集中できません。気分は変わりやすく、いったん嫌になったら、もう一度興味を取り戻すのは難しい。とすれば、「ややこしい本」を読み通そうとするなら、**自分の気分のアップダウンとは無関係なところで、読書が進行する客観的なメカニズムをこしらえる**必要があります。

たとえば『資本論』を読んだときは、友人たちと「読書会」をしました。それぞれが分担を決めて章や節を読んで、それを要約して、何を言っているのか、自分なりの解釈を皆の前で発表して検討してもらう。これだと、自分の担当のところは必ず読まなければなりません。また「今週はここまで進もう」と皆で約束しているので、自分の分担でなくても事前に読んでおかなければ、という気持ちになります。たとえ何らかの事情で読めなくても、他の担当者から要約が配られるので、後から追っかけて読むときもずっと楽です。

よく子どもに読書習慣をつけるには、ご褒美と組み合わせるのが良いとされます。最近聞いたのは「一頁読むと一円お小遣いをあげる」という方法でした。これだと、子どもも小遣いほしさに読むようになるとか。実は、大人でも「ややこしい本」を読むときは同じで、何かの工夫をこらす必要があります。「締め切りを設ける」「発表をする」「友人と話す」などという動機づけをして、何としてでもある箇所までは読み進む。自分の意志の強さなど当てにしないことが大切なのです。

自分の意志の強さを過信しない
↓
読み進めるための工夫

今でも工夫は続く

私は、今でも「古典」を読むときは、この「読書会」方式を採用します。たとえば、現在、ドイツの哲学者G・W・F・ヘーゲルの『精神現象学』というチョー「ややこしい本」を読み直しています。大学のときに数ヵ月かけて脂汗を流しながら読んだのですが、難しすぎて内容を覚えていません。とはいえ、現代思想の本を読むと至る所にヘーゲルへの言及が出てくる。「いつか読み直さなきゃ」と思っていたのですが、なかなかその気にならない。

そこで参加したのが、ヘーゲル専門家の主宰している読書会です。一回ごとに進む分量が決められているから、とりあえず、そこまでは何が何でも読んでいかなきゃならない。ヘーゲルは意味が取りにくいので有名ですが、分かっても分からなくても、とにかく決められたところまで読んでいく。混乱したら後で質問すれば解説してくれる。でも、専門家だって分からない箇所がいくつも出てくるので、自分が疑問に思ったことは、皆も分からない、と安心するとともに、帰りの電車の中で、納得できないところを含め今日読んだところを読み返す。すると、少しずつ見えてくる。そんな発見をささやかな収穫として読み進む手がかりにするわけです。

のろのろしても時間は進む

もちろん、こんな調子だと一回に進める量も限られます。この読書会は、もう五年以上通っているでしょうか？　いったい、いつになったら読み終わるのやら、と時々不安にもなります。でも、ありがたいことに思ったより早く終わるのです。大人になると、一年という時間はあっという間に過ぎます。何もしないでグズグズするうちにも、時間は容赦なく溶けていく。一週に一回続けていくうちに一年たつと、それなりに先に進みます。この調子でいけば、あと五年かければ一冊読み終えられるかも、という予測や希望も出てきます。

嫌になったら、とにかく、今週読む分だけ読んで出席し、誰かの進行で勝手に進んでいくのをボンヤリ見ています。一回に進む分量は少なくても、ダラダラと続けるうちに一章分終わる。

それを何回か何十回かあるいは何百回かクリアすると、もう最後です。ダラダラ続けていればいいのだから、こんな楽なことはありません。自分の気分に頼らないで続けていける点で、読書会は「ややこしい本」を読むには、案外すぐれたやり方なのです。

読む目的は対話である

そもそも、読書はできるだけ速く終わらせる競争ではありません。せっかく「ややこしい本」を読むなら、なるべく良い本、身になる本に出会いたいものです。何度でも読み返し、その一部分を暗記し、それと対話することで、自分の考えをシェイプアップし、これからの生き方や社会を考える。そういう本との出会いこそ読書の醍醐味でしょう。

人間でも、相手ときちんとつきあおうと思えば、時間をかける必要があります。さまざまな場面で一緒になり、相手の言葉や行動を見て、どんな人なのかを見極める。そのうえで、その人がどんな場面で活きるのか想像し、良いタイミングが来たら、一緒に協力できることを探す。それが深いつきあいというものでしょう。

本も同様です。本は、いわば文字の形になった人間です。この形に落ち着くには、それなりに膨大な時間やお金がかけられているはず。とすれば、それなりの時間をかけて、さまざまな角度からつきあわねばちゃんと理解できないし、読んだ内容も活用できないはずです。

逆に言えば、こういうように辛抱強く読書できる、ということは、他人と丁寧につきあう技法にもつながります。読む訓練を積んでいない人は、他人とちゃんと対話することができません。相手を理解しようとしなければ、会話でも、言いたいことだけを委細構わず言い散らかすことになる。これでは、自分の発言欲は満たされても、相手は、聞いてもらうための道具にすぎません。そういう自分勝手な人につきあってくれるのは、やっぱり自分と似たような人。私の発言が終わるや、その人もまた、私の発言を理解しようともせず、息せき切って話し出す。こういう相手とは話も深まらず、そのうち、つきあいも途絶えます。

丁寧に読む → 他人と丁寧に対話する技法

相手を理解しないと自分も分からない

それどころか、こういう人間は自分の価値にも気づけません。なぜなら「自分の価値」とは、結局「他人にとって、どう役立つか？」で決まるからです。相手が何に興味を持ち、何を求めているかを理解できなければ、自分が相手にどう役立つか、ピンポイントで言えるはずもない。もちろん、どう協力できるかも分からない。

相手に特有の状態や問題を理解しないままに、自分の価値をアピールしようとすると、結局、世間並みの一般的で陳腐な基準に頼るしかなくなります。「真面目」とか「行動力あり」とか「他人の気持ちが分かる」とか、あるいは「有名人」とか。そんな一般的な言い方に反応する相手は、やっぱり通り一遍で陳腐な人々です。特別なつきあいや重要な関係には発展しないし、その人との時間も充実しない。本も同じで「面白い」「ハラハラドキドキする」——そんな感想しか言えない人は、本の表面的な意味をかいなでしているだけで、真摯に対話して協働する深い関係を結ぶ価値がない人なのです。

理解するという快楽

そもそも、他人の考えを理解することは、人生における快楽につながります。なぜなら、自分が今まで「こうだ！」と思い込んでいたことが覆され、新しい視点が開けるからです。ものごとの捉え方が変わり、今までと世界の見え方も違ってくる。つまらないと前に感じたことでも、あらためて見てみると、新しい発見に気づく。新しいアイディアも湧くし、今までと違う行動や仕事の可能性も生まれてくる。それを積み重ねていけば、人生の方向さえ変わっていくかもしれません。

同じことを漫然と繰り返すのではなく、新しい発見が次々に出てくるなら、生きることにも張り合いが出るし、刺激があって楽しい。逆に、理解が停滞して深まらないと、我々は以前のパターンを踏襲するしかありません。そんな人生は面白くないし、退屈です。相手を理解せず、自分が誰かも分からず、世界がどうなっているかも分からないとしたら、生きる価値はどんなに少なくなることか。だから、**本を通して他者の考えを理解する行為は、自分の人生を楽しむための基本的な技法**なのです。

つまり「ややこしい本」を読む意義とは、その場や時間を楽しくやり過ごすことにあるのではありません。むしろ、読むことで、世界を捉え直し、より面白がって生きることができる。読むことにともなう苦労は、その結果に至るスパイスにすぎません。

理解を深める
↓
考え方が変わる
↓
世界が拡がる
↓
人生が変わる

ソクラテスは知のアイドル

西洋では、こういう「知的な理解」のロール・モデルは、古代ギリシアの哲人ソクラテスとされてきました。彼は、さまざまな人と対話して、その人たちが何を知っているのか、何を考えているか、明らかにしました。納得できないことは聞き流さず、疑問に思った点は質問して相手に答えてもらう。それが積み重なるうちに、相手の思考や評価・判断の基準が見えてくる。

ソクラテスの姿勢を表す言葉として、よく「無知の知」や「エイロネイア」が言われます。

「自分は知恵を持っている」と主張する人々の言を丁寧に吟味すると、実は何も知らない、質問するソクラテスの方が「自分は無知だ」と思う分だけ、彼らより知っている、というわけ。しかし、これは何もソクラテスの方が相手より多くのことを知っている、という意味ではありません。相手の述べることを虚心に聞いて、その構造を明らかにし、その帰結はどうなるか、どんな問題や矛盾点があるか、納得するまで追求する手法を知っているということです。

ソクラテスの方法 ＝ 言葉に耳を傾ける → 構造を理解する → 問題・矛盾・課題を見つける

「読む」行為も、これと同じです。相手にむやみと同意したり、逆に、自分の方が物知りだと張り合ったりするのではなく、とりあえず、本の言葉に耳を傾け、その意味するところを考え、この先どうなっていくか、とさらに思いを巡らす。そのうえで、問題や矛盾、課題を見つける。それは、書かれた言葉が、この先自分がどうすればいいのか、という指針や目的やヒントとして生まれ変わる作業なのです。

この本で提示する読み方の基本

そのためには、読む方も漫然とストーリーやギャグを追っかけて泣いたり笑ったりではダメです。むしろ、相手の発言にちゃんと反応して、自分からも適切な問いかけができなければ、生き生きとした対話にはならないでしょう。

この本では、そういうタイプの読む方法を提示していきたいと思います。読解は、けっして「速読法」「速習法」の類いではありません。そんなものはもともと効果がないし、それを期待する人は思考する時間を単なるコストとしか思っておらず、他人から正解を安い価格で教わればいいと思い込んでいる人です。こういう人は、そもそも「ややこしい本」を読む資格に欠けているし、「ややこしい本」と出会うこともできません。ビジネス書やハウツー本を読めば十分満足するはずです。

だから「ややこしい本」の内容を理解するには、読む側にとっても、ある程度の準備と成熟が必要になります。たとえば、数学者高木貞治の『解析概論』は名著と言われていますが、それを小学生に与えたところで理解できないし、そもそも「どう理解したらよいか？」と迷うことすらできない。ただ「ちっとも分からないなー！」とぶん投げるだけでしょう。

『解析概論』を読むには、その前に読む側にも数学的な知識や経験が必要です。自分なりの考えをすでに持っているから、「え、ここはどうしてこうなるの？」と迷うこともできる。とすれば、迷うことだって、必ずしも時間の損失とは限りません。むしろ、迷えるということこそ、理解を進める助けになるし得るものもまた大きいのです。

ややこしい本を読む
↓
迷うためにも能力が必要

うまく迷う、正しく迷う

ただし、同じ迷うにしても、より正しく迷う方法は確実にあります。間違った問いかけ方やおかしな期待をすると理解を歪めて望むものにたどりつけない。熱心なのに間違った読み方をしてしまったために、トンデモない考えに導かれるという例は少なくありません。熱心なだけに、一度思い込んだ間違いは経験を重ねても強化されるばかりで矯正されません。これは、まことに痛ましいことです。この本が提供するのは、そういう変な読みに陥らないで、「ややこしい本」の本質にたどりつく方法です。それでは、さっそく始めましょう！

この項でのポイント

- 「ややこしい本」は、楽しさだけを手がかりにしてはならない
- 気分に左右されない読み方のシステムが必要である
- 自分の見方を変えて新しい行動に結びつけるのが目的
- 正しい問いかけ、正しい評価ができる自分を育てる

❷「ややこしい本」のしくみ——読む前によく眺めよう

読むか読まないか、それが問題だ

「ややこしい本」を読む作業は、実質的には、読む前から始まります。なぜなら、読み始めてから終わるまで時間が取られるので、まず「その時間を投入する価値があるのか？」を見極めなければならないからです。読む価値があると思えたら全力で取り組む。価値がないと思ったら近づかない。人生は短いので取捨選択は大事です。

とはいえ、まだ読んでもいない本の価値をどうやって判断するのか？　本の価値は読んで初めて分かるのではないか？　その通りです。読んでもいない本の価値は分からない。とはいえ、価値があるかどうか確かめるために読むのでは、読みたい本にたどりつくだけでも、いくら時間があっても足りません。

世評を聞くのは日和見ではない

では、どうするか？　一つには評判が良い本を読むことです。友人や教師の推薦でもいいし、ネットの星マークを参考にしてもいいし、あるいは、時代を超えて伝わる「古典」という評判を信頼するのでもよいでしょう。さらに、その分野の入門書を見ると巻末に「勉強を深めるために有用な図書」などが紹介してあるので、それを手がかりにしてもいいですね。
ただ、これらの方法は、どれも欠陥があります。教師や書き手は当然自分の能力を信じているので、自分の本を推奨します。一方、同じ興味を持つ友人はライバル同士であることも多いので、あなたを陥れようとわざと嘘を言うかもしれない。「古典」は名作だけど、いかんせん時代が古すぎて、現代から見ると分からないことも多い。ネットの星マークは、著者が自分でPRのためにつけたり、同業者の悪口を言って評価を下げたりする目的のものもある。他の本の紹介も、著者の基準によって推薦書が異なることもしばしば。だから、いろいろ他の人の意見を参考にしても、まだ読んでいない本の品定めは自分で判断するより他はないのです。

読む価値があるか ＝ 世評の確認 ＋ 自分の判断

まずタイトルを眺める

ここでは、他人からの意見は聞き終わって、とりあえずある本に興味を持ったという設定で始めましょう。とりあえず題名を眺めましょう。たとえば『男と女』……思わせぶりなタイトルですが、どんな中身でしょうか？　男女の生物学上の違いなのか、恋愛ストーリーなのか？

映画のタイトルなら、たぶん恋愛ストーリーだと見当がつく。でも、「ややこしい本」の場合は、「思わせぶり」なタイトルはルール違反です。

なぜなら、本や論文の題名は、話題やトピック、つまり「何について書いてあるか？」の見当をつけるために、最初に見るべき情報という位置づけだからです。実際、科学者などは、論文誌の中で自分が読まなければならないものをタイトルから検索し選択しています。まず、自分の研究分野の論文かどうかをチェックして、それから、今自分がやっている研究に関するキーワードが入っているかどうか絞り込み、それから冒頭の要旨を眺めて、自分の興味関心と関わりがあることを確認します。学術論文であればあるほど、ちらと題名を見ただけで何が書いてあるか見当がつく。これは、読まなくてもいいものに時間を費やすのを避けるために、長年蓄積されてきた知恵です。

たとえば、ドイツの社会学者マックス・ヴェーバーの有名な『プロテスタンティズムの倫理と資本主義の精神』という論文は、題名を見ただけで、話題は「宗教と経済や社会の関係について」だと分かるようになっています。これだけで、社会科学に興味がある人なら「一応読んでおこうかな？」という気になるでしょう。

さらに「倫理」とは価値観のことですから、キリスト教の宗派プロテスタントの価値観が、経済システムである資本主義の成立やしくみに何らかの影響を与えたのか、あるいは、その逆に資本主義がプロテスタントの価値観に影響したのか、と内容を推測できます。もし「プロテスタンティズム」には、ルターの系統とカルヴァンの系統がある、などという歴史知識を持っているなら、どちらの影響がより大きいのか、どんなふうに影響したのか、などと想像を膨らませられます。こんなふうに、題名を見ただけでも、何が書いてありそうか、だいたいの見当がつくし、それが自分の興味の範囲内にあるかどうかも分かるようになっているわけです。

目次から妄想する

タイトルの次には目次を眺めます。興味を引くような面白い言葉がちりばめられていますか？　たとえば、先ほどの『プロ倫』（マックス・ヴェーバーの熱心な読者たちはこんなふうに四文字言葉に略します）の目次（岩波文庫版）でしたら、たった二つの章からできあがっていて、それがさらに二、三節に分かれています。

第一章　問題
一　信仰と社会層分化
二　資本主義の「精神」

三　ルッターの天職概念――研究の課題
第二章　禁欲的プロテスタンティズムの天職倫理
一　世俗内的禁欲の宗教的諸基盤
二　禁欲と資本主義精神

題名にもある「資本主義」と「プロテスタンティズム」の語が繰り返されています。「禁欲」「信仰」は「プロテスタンティズム」の教えの一部でしょう。「プロテスタンティズム」では、カソリックより「禁欲」「信仰」が強調された、という世界史の知識も持っているかもしれません。「社会層（階層）分化」は現代でもしょっちゅう起こっているから分かるとして、ちょっと謎な言葉が「精神」と「天職」という言葉でしょうか？

テンションに注目する

目次を眺める場合には（本文を読むときも同じなのですが……）、単語に注目するだけでなく、**単語と単語の間のテンションにも注目する**のがコツです。「テンション」とは、緊張、不安、緊迫という意味の英語。つまり、すんなり「なるほどね」と腑に落ちず、「あれ、いったい、これはどういう意味なんだ⁉」と妙なひっかかりを感じて気になるところです。

この目次では、「禁欲と資本主義精神」が、まずひっかかるところではないでしょうか？なぜなら、資本主義とは、金を稼ぐためのシステムなので、資本家になろうとする人は、金に対する欲望を人一倍持っていなければならないからです。以前、経営学のテキストを読んだときに「経営学を学ぶとは、『何を見ても、これには何万円のお金がかかっている』と見抜けるようになることだ」とあったのですが、なるほど、経営者になりたいと思う人は四六時中こういうことを考えていないとやっていけないでしょう。つまり「資本主義精神」とは、しょっちゅうお金のことを考える心のあり方なのです。

それなのに、なぜか、そこに「禁欲」という、金に欲望を持つこと自体を否定するような言葉がカップリングされている。「何かおかしくないか？　どうしてなんだろう？」とひっかかりを感じたら、そういう人はすでに「この本を読む価値がある」という方向に進んでいるのです。

逆に、何もひっかかりが感じられないなら、この本を読む準備がまだできていないか、あなたがこの分野には向いてないか、のどちらかです。プロテスタンティズムや資本主義、経済について関心がないのか知識がないのか、あるいは、その両方がないのか、いずれにしろ、ひっかかるべきところにひっかからない。そういう場合は、「今のところ、自分はこの本には縁がない」とひとまず諦めた方がいいかもしれません。

カギカッコが表す意味は？

もう一つは「精神」についているカギカッコです。カギカッコがついているときは、別の本から引用されていることを示す場合が多いのですが、ここはそうではなさそうです。ここのカッコは、何か裏に特別の意味が隠されていることを表します。

カギカッコがついている → 裏に特別の意味が隠されている

たとえば、ロシアの「正義」と書いてあったら、ロシア人やロシア政府には「正義」と感じられるかもしれないけど、その他の国の人から見ると、とても正義とは思えない、むしろ不正の疑いの方が濃厚であるという意味がくっついてきます。

では、ここの「精神」のカギカッコが表している「裏の意味」とは、いったい何でしょうか？　ちょっとでも興味を引かれたら、やっぱり「読む意味はある」のです。なぜなら、「興味が引かれる」からには、どこかで自分なりにそれに近いことを、すでに感じたり考えたりしたことがあると思われるからです。

ひっかかりは気になっている証拠

たとえば「現代の資本主義を支える考え方とはいったい何か？」と考えたことはないですか？　もちろん、「それは、お金が大好き、つまり拝金主義だ」と答えることは簡単だし、常識にも適っているでしょう。でも、それでは「禁欲と資本主義精神」というカップリングとは矛盾してしまいます。

もう少し考えを進めましょう。資本主義は18世紀のヨーロッパから始まった、という補助的な知識を持っている人なら、「なぜ、18世紀の近代ヨーロッパにしか資本主義は始まらなかったのだろう？」と疑問を持つかもしれません。古来、お金が好きな人はたくさんいたはずで、ギリシア神話の中には、手に触れるものがすべて金に変わる「ミダス王」という人物も出てきます。彼もお金大好き人間だったわけで、それなら、資本主義も古代ギリシアから始まってもよかったはずです。とすれば、先の答え「資本主義の精神は拝金主義である」は不十分な答えだと分かります。この本には「禁欲と資本主義精神」とあるので、もしかしたら、常識を超えた画期的な内容が書いてあるかもしれない、と期待できます。

そういえば、ヴィトゲンシュタインという哲学者は、有名な『論理哲学論考』（岩波文庫）の序で「本書は、ここに表されている思想……をすでに自ら考えたことのある人だけに理解されるだろう」と書いていいます。もちろん、序文の時点では、ヴィトゲンシュタイン自身の解答が出てくるのはまだまだ先なので、ここで「あ、これは自分も考えたことがあることだ！」などと確認はできません。たとえ思っても、この時点では「妄想」にすぎないでしょう。それでも、こういう「あれ？」というひっかかり＝テンションがあるだけでも十分で、目次を見て心がざわざわしたら、とりあえず読んでみる価値があるのです。

問題の本質 ＝ テンションがある ＝ ひっかかりを感じる表現

なけなしの知識の助けを借りよう

ただ、目次からの妄想は、矛盾点や表記法から出発するとは限りません。読む方に多少の知識や教養という準備がないと感じられない「ざわざわ」もあります。以下は、ドイツの社会学者・哲学者のホルクハイマーとアドルノの共著『啓蒙の弁証法』（岩波文庫）の目次ですが、どんなことを感じるでしょうか？

Ⅰ　啓蒙の概念
Ⅱ　〔補論Ⅰ〕オデュッセウスあるいは神話と啓蒙

今度は、ローマ数字の目次です。まずトピックはすぐ分かります。題名から見ても「啓蒙について」でしょう。「啓蒙主義」という言葉は、高校の教科書にも出てきました。英語だとenlightenment、ドイツ語だとAufklärung。中に光を入れて解明すること。何の中か？　知識が欠乏して暗闇になっている民衆の頭の中です。そこに知識の光を入れて、ちゃんとものごとを理解・判断できるようにする。教科書によれば、啓蒙運動が行われたのは18世紀だそうです。教育的なプロジェクトとしては、とても良い感じがしませんか？　さらに「概念」とも言うのですから、Ⅰは、きっと「啓蒙とは何か？」をざっくりと説明したところ。ごく普通の始まり方と言っていいでしょう。

でも、すぐ、様子がおかしくなります。第Ⅱ章はいきなり「補論」と呼ばれています。「補論」なのだから、もう少し後に出てきてほしい感じがします。しかも、内容は「オデュッセウス」。18世紀のはるか以前、古代ギリシアのホメーロスが書いた叙事詩の主人公です。古代のトロイア戦争は、絶世の美女ヘレネーの誘拐から始まり、そこから戦争の終結までが『イーリアス』で描かれますが、『オデュッセイア』は、その戦争で活躍した英雄オデュッセウスが、故郷のイタケー島に帰るまでに出会ったさまざまな苦難が描かれている長編叙事詩です。「啓蒙主義」は18世紀のはずなのに、なぜ、紀元前の古代ギリシアと関係があるのか？　ホルクハイマーとアドルノほどの碩学《せきがく》が時代を間違うはずはない。なぜ、こんな章を書いたのか？

さらに、Ⅲでは「ジュリエット」も出てきます。「ジュリエット」は、シェイクスピアの恋愛悲劇『ロミオとジュリエット』の登場人物ではありません。これは、サディズムという言葉のもととなったサド侯爵の有名なエロティック小説『悪徳の栄え』の女主人公です。彼女は修道院で育てられた清純な乙女だったのに、悪事に染まり、家族・友人までありとあらゆる人間を性的にいたぶり、身体を傷つけ残虐な方法で殺し続ける、という背徳的な物語です。なぜ、こんな残虐でインモラルなストーリーが、啓蒙主義の、民衆に知識を与えようという善行と結びつくのでしょうか？　話は一気に怪しくなります。

さらに、Ⅳ「文化産業」Ⅴ「反ユダヤ主義」と目次は進み、時代もフランス革命前夜から現代まで一気に進みます。しかも、ここまでとっちらかった言葉を並べておいて、最後はⅥ「手記と草案」という人を食ったような曖昧なタイトルで終わる。思い切ったというか目を驚かすというか、かなりこじれた内容が詰め込まれている目次であるのは間違いなさそうです。

取り合わせの妙に気づく

つまり、この本は、ある固有名詞が出てくることで、それの持っている刺激的な含意や背景が思い起こされ、「啓蒙主義」とのミス・マッチングがテンションとして感じられ、「いったい、ここにどんな結びつきがあるのか?」と興味をかき立てる。そういう一癖ある仕掛けになっているのです。

もちろん、このような著者のたくらみに気づくためには、ホメーロスの書いた叙事詩やマルキ・ド・サドの小説について多少の知識は必要であり、その知識がない読者にとってはさっぱりかもしれません。ただ、原著が出版されたドイツでは古典教育が盛んで、この本を読むような人は、おそらく高校時代までにホメーロスの一節くらいは古代ギリシア語で読んでいるし、サド侯爵の作品だって有名なポルノグラフィーなのでこっそり読まれているはずです。その古典的名作と古典的ポルノを、啓蒙主義と一挙に結びつけて、この著者は何を言おうとしているのか、その意外さに読者の眼を引きつけられれば、この仕掛けは成功なのです。

興味が出たところで拾い読みする

ちょっと興味をそそられたところで、どこでもいいから拾い読みしてみましょう。任意の一頁を開けて、そのあたりだけ読んでみましょう。はたして、どんな記述が出てくるでしょうか？　ちょっとドキドキしますね。『啓蒙の弁証法』の「Ⅲ〔補論Ⅱ〕ジュリエットあるいは啓蒙と道徳」は次のようになっています。

> ジュリエットは科学を信条としている。彼女にとっては、神や死せる神の子への信仰、十戒の遵守、悪に対する善の優位、罪に対する救済の優位といった、その合理性を証明できないものを崇拝することは、いずれも虫酸の走る想いがする。……証明もないのに承認されていることを嫌悪の的に転換するのと同じく……「禁断のものへの勇気」、それが彼女の独特な情熱である。「犯罪を犯すのに何か口実が必要だとでも言うのでしょうか」
>
> （『啓蒙の弁証法』岩波文庫）

拾い読みでは、まだ正確な意味はよく分かりませんが、それでも「科学を信条としている」は、もともとの「啓蒙」の意味である「迷信から自由になる」に対応します。だから「合理性を証明できない」神や罪という考えは軽蔑する。むしろ、神や世間がやってはいけないと禁ずる「禁断のもの」をやってみる勇気を持つ方が「科学的」かもしれない。だから「犯罪を犯すのに何か口実が必要だとでも言うのでしょうか」というのです。

自然の持つ客観的秩序が偏見や神話として片付けられてしまった後では、自然はもはやたんなる物質の集積になってしまう。……「われわれを越えて認識する」ような法則などは知りはしない。自己保存を旨とし……た悟性が……法則を認めることがあるとすれば、それは強者の法則である。……罪があるのはむしろ弱者であり、彼らはずるがしこく自然の法則を回避しようとする。（前掲書）

ずいぶん過激なことを言っています。合理性がないものは無視・軽蔑する。だから、宗教の言う「悪」や「罪」も存在しない。むしろ「禁じられている」ことでもあえてやってみて、その結果を見る。自然界に法則があるとすれば「自己保存」だけで、弱い人間は罪であり、強者こそ正しい……道徳的にかなりヤバイですね。ここを見る限りは、どうも「啓蒙主義」や科学への信仰のおかげで、道徳のたがが外れてしまい、「悪」行をしても「罪」を犯してもいいじゃないか、とそそのかす思想が生まれてきた、というストーリーになっているようです。なぜ、民衆に知識を授ける、という本来は善なる目的を持ったプロジェクトが、こんな犯罪礼賛に至るのか？「強者」が正しくて、「弱者」が悪だ、という、むしろ、弱者になりがちな民衆を否定する考えに行き着いたのか？　その逆転がどうして起こったのか、というプロセスを知るのは、けっこう興味深いかも……と思ったら、この本はあなたの読むべき本の候補になるのです。

民衆に知識を授ける → 科学の信奉 → 宗教・道徳の蔑視 → 犯罪礼賛 → 民衆を否定

「ややこしい本」の共通のしくみ

こうやって見てみると「ややこしい本」には、どこか共通のしくみがありそうです。たまま、今取り上げた二つの本の目次を眺めるだけでも、**特定の話題が取り上げられ、それについて何らかの謎や問題が提示され、その謎や問題に答えようと、本文が展開される**という構造が同じです。

たとえば、『プロテスタンティズムの倫理と資本主義の精神』なら、プロテスタンティズムという宗教が資本主義にどう影響したのか、『啓蒙の弁証法』なら、啓蒙というプロジェクトがどう犯罪礼賛に行き着くか、という謎＝疑問です。しかも、その謎は、資本主義がその反対の禁欲に結びついたり、善が悪にひっくり返ったり、と我々がボンヤリ持っている常識を揺さぶります。常識的理解に挑戦し、ひっくり返して、まったく新しく衝撃的な理解へと導く。その読む前と読んだ後との「かけ離れ具合」が大きければ大きいほど、興味と期待が大きくなるという構造になっているのです

矛盾や謎、問題 → 解決のための展開 → 常識との乖離 → 面白い

これは、小説や物語とはずいぶん違います。小説・物語は、だいたい「起承転結」の構成を取ります。つまり、何か事件が起こって、それが自然に拡がって周囲を巻き込んで、大変な騒ぎになる。ところが、話が進んでいくと、その騒ぎが急転直下、意外な展開を見せて、予想もしなかった終わり方をするので、皆あっと驚く。最後は、その事件が終わった後日談で、たいていは、やや落ち着いた印象でフェイド・アウトして終わり。こういう流れが感じられるとき、私たちはその世界に引き込まれ、熱中してほかのことを忘れて読みふけるのです。

たとえば、ドストエフスキーの小説などでは、事件が起こるまでのそれぞれの人物紹介の部分はやや冗長ですが、それが終わって、事件が発生するや否や、あっという間に引き込まれることになります。だから『カラマーゾフの兄弟』は、あれだけ長い小説なのに「第一部を読むのに一ヵ月、残りを読むのに三日」などと言われるのです。

「ややこしい本」では、『カラマーゾフの兄弟』のように「親殺し」などの派手な事件は起こりません。その代わりに、あるもの（話題）についての違和感が提示されます。矛盾した感じの言葉が結びつけられていたり、「そこまで言うかよ⁉」というような極端なことが言われていたり、今まで普通に言われていたことが実情に合わなかったり、常識的に考えるとさらり

と理解できなかったり、という状況が提示される。そういう違和感を突きつけられて、「なるほど、これは容易ならぬことだ、ちゃんと考えなきゃ」「何とかしなくちゃ」などと思ったら、それは、あなたに、その本を読むための準備がとりあえず整ったということを意味します。

違和感が提示される → 考えなければと思う → 本を読むための準備が整った

自分の問題にするのが大事

逆に「それが問題ではあるかもしれないけれど、考えるのが面倒だな。別に私じゃなくても、他の人が考えてくれればいいんじゃないか？」と感じるのなら、あなたがその本を読む必要はありません。きっと、性格が「ややこしい本」に向いていないか、あるいは、その分野にたまたま興味が及ばなかったのでしょう。無理して読んでも、結局、何も実感できないままに終わるのでは、時間をかける意味がありません。人生はあまりにも短いので、もっと自分が興味を持てる分野に時間をかけるべきです。

「ややこしい本」は、謎＝問いかけに答えるというしくみになっています。その謎の提示を面白いと感じれば、それが本を読む原動力になります。読むにつれて、その問いがどんどん大きくなって、寝ても覚めてもそのことを考え続ける、というようなことになったら理想的ですが、なかなかそうはいかない。それでも、丁寧に読み続けていけば、しだいに、その問題が心の中で占める割合が大きくなる。そうしたらしめたもので、最後まで読み続けられる原動力が形成されたのです。

ややこしい本を読む原動力 ＝ 謎 ＝ 問いかけへの共感 ＝ 答えを知りたいという追求心

時間をかければ問題にはまる

とはいえ「さあ、この問題を考えるぞ！」と力むだけでは考える意欲は出てきません。よく「気持ちが足りない」とか「熱心でない」とか批判する人がいますが、気持ちが強いから熱心になるわけではない。むしろ、先を読みたいという気持ちが強くなるから熱心になるのだし、その気持ちが後押しして、さらに先を読むという循環にはまるのです。だから、自分がそこにうまく「はまる」ように、良い準備をしなければいけません。

もちろん、面白いと感じるポイントは人さまざまです。何せ素数、つまり1とその数自身でしか割り切れない数に興味を持って、自動車のナンバープレートを一枚一枚チェックする人もいるくらいです。でも、その境地に達するには、いろいろ素数のことを調べて「こういう性質があるのか？」「こういう構造をしているのか？」と**自分なりに問題意識を持つ必要**がありますし、そこに小さな発見が積み重なってくることで興味が深まるのです。興味が深まると、さらに先のことまで考えたくなる。

あるいは、数学のような原理より、原理の実用や社会に及ぼす影響に興味を持つ人もいるかもしれません。この問題が解けたら、こんなものにも応用できる。あるいは、この問題が解けないと、こんな不都合が生じる。だから、何としても解決しなければいけない、などと感じる。前者なら、解決すればあれもこれもできそうだ、とにんまりするし、後者なら、破滅的にマズイことになることを想像して、青くなるかもしれません。

問題が解ける　→　展開に期待が膨らむ

問題が解けない　→　破滅的な結末を心配する

これらのうちのどちらが、より強い動機として働くか、それは「人それぞれ」です。でも、提示された問題を自分のものとして考えようとする姿勢は共通なのです。そうすれば、最初に見つけた「問題の面白さ」は小さくても、時間をかけているうちに、だんだん興味が深まるように育てることができます。つまり、「ややこしい本を読む」とは、本と対話をしながら、自分の興味を深く大きく育てて、解決にまでたどりつくという経験になっているのです。

この項でのポイント

- ●読むことは考えることである
- ●タイトルから、自分の興味がある分野か判断する
- ●目次を解読して、テンションを見つける
- ●気になる言葉・表現に注目してあれこれ想像する
- ●問題に対する共感を手がかりに、興味と関心を膨らませる

第2部　読みながらすべきこと

❸問いはどこ？ 答えは何？——要旨をつかむ

解決のイメージを持つ

さて、あるややこしい本に興味を持って、その本が取り上げている問題がどういうものか、大雑把に見当がつき「読んでみようかな」という気になったとすれば、次にすべきことは、**ざっくりとその問題から解決に至るイメージをつかむ**ことです。なぜなら、ややこしい本は、矛盾や謎が問題として提示され、それが解決に向かって展開されるしくみになっているからです。山登りのように、登ろうとする山がどういう山なのか、本格的な登山の前に、その辺を歩き回って感じをつかみましょう。

とりあえず、前書きか後書きを見て見当をつけます。前書き・後書きは、著者が本文を書き終わってから最後に書くところなので、その本全体で言いたいことが、コンパクトな形でまとまっています。私も自分の書いた本で「後書きが一番分かりやすい」と言われたことがありますが、前書き・後書きを読むと、著者がどんなつもりでその本を書いたのか、簡潔な形で理解できます。

翻訳書なら「訳者による前書き・後書き」を見ます。訳者は、原本を深く読み込んでいるので、その理解は手がかりになるはずです。たとえば、前述したマックス・ヴェーバー『プロテスタンティズムの倫理と資本主義の精神』では、訳者の経済史家大塚久雄が40頁にわたって長大な「訳者解説」を書いています。分量は本文の六分の一ほど。これだけ読んで、だいたいの感じが分かるのならお得と言えるかもしれません。

> マックス・ヴェーバーの論文『プロテスタンティズムの倫理と資本主義の精神』の内容は、非常に簡略化していえば……資本主義精神と禁欲的プロテスタンティズム、とくにピュウリタニズムとの歴史的関係を社会学的に追究したものだ、と言ってよいかと思います。
>
> （『プロテスタンティズムの倫理と資本主義の精神』岩波文庫　訳者解説）

と、まず「何について書いてあるか？」が示されます。この「何」を普通は**話題**と言います。「ピュウリタニズム」は世界史あたりで習った言葉でしょう。禁欲的プロテスタンティズムの一流派ですね。これらの「資本主義精神」と「禁欲的プロテスタンティズム（ピュウリタニズム）」の関係は次のようになっています。

> 近代資本主義の発展は、資本主義に徹底的に反対する経済思想が……支配してきたような……地域で**なければありえなかった**。……商業やそれに内在する営利の原理の発展が近代の資本主義を生み出した、などと……とても言えまい。
> （前掲書　太字筆者）

二重否定がちょっと読みにくいですが、簡単にすれば「資本主義の精神はどこから生まれたか？」という問いに対して、「商業や営利に反対する経済思想から生まれた」と答えているようです。これが、この本の問題・謎から解決に至る大雑把なイメージです。簡単なのですが、気になるのは「資本主義」が「商業や営利に反対する経済思想から生まれた」と言っていること。商業や営利を追求する「資本主義」が「商業や営利に反対する経済思想から生まれた」というのは、ちょっと虚を突かれる感じがしませんか？

逆説に慣れる

こういう、とても結びつきそうにないものを結びつけた表現を**逆説** paradox と言います。実は「ややこしい」本が「ややこしい」くなるのは、こういう逆説が用いられているのも原因の一つです。せっかく手に入れた「常識」を、読んでいるうちに揺さぶられる。だから、面倒この上ありません。でも、我々が、気がつかなかったり誤解したりしていることを正して、本当の答えに導いてくれると考えれば、「ややこしい本」の意義もお分かりでしょう。皆が思ってもみなかった解決を、思ってもみなかった筋道で出してくる。だから、常識にとらわれていると「ややこしい本」は理解できません。逆に言うと、こういう本を理解できれば、常識から自由になって新しい発想が得られ、世界の見方が一変するのです。

さて、以上の内容をつなげれば、『プロテスタンティズムの倫理と資本主義の精神』の言いたいこと、つまり**要旨**が作れます。

問題	資本主義の精神は、どこから生まれたか?
解決	商業や営利を否定する思想＝禁欲的なプロテスタンティズムから生まれた
要旨	資本主義の精神は、商業や営利を否定する禁欲的なプロテスタンティズムから生まれた

これで著者の言いたいことは、ほぼ尽きています。もちろん、まだ「資本主義」と「商業や営利を否定する思想」が「どのように結びついたのか?」までは答えられていません。その意

味で、要約としては不完全です。それでも「この本の言いたいことは何?」と問いかけられたら、右のように答えれば、とりあえず答えにはなります。全体を読まなくても、前書き・後書きだけで、だいたい何が書いてあるか、は見当がつくわけです。

問題の意義も知ろう

もちろん、問題に解決が与えられれば、それでOKなのではなく、問題の意義も了解しておくことも必要になります。なぜ、その問題をわざわざ追求する意味があるのでしょうか? この世には、いろいろ問題が溢れています。でも、個人の時間には限りがあるので、すべての問題に取り組むわけにはいきません。放っておいてもいい問題は「そのうち分かるよ」と先送りしておけば、後世の人が何とかしてくれます。そんな蓄積で人類は進歩してきました。だから、問題の答えを考える前に、はたして、この問題にはじっくりと取り組む価値があるのか、と考える必要もあります。

幸いなことに、それについては著者がすでに書いていてくれることが多いようです。たとえば、かつてベストセラーになった進化生物学者ジャレド・ダイアモンドの大著『銃・病原菌・鉄』では、冒頭に「ニューギニア人ヤリの問いかけるもの」という長いプロローグがあり、そこで、この本が何を問題としているか、が提示されています。「あなたがた白人は、たくさんのものを発達させてニューギニアに持ち込んだが、私たちニューギニア人には、自分たちのものといえるものがほとんどない。それはなぜだろうか？」とニューギニア人の友人ヤリは著者に問いかけるのです。

ニューギニア人の身になってみると、たしかに、この問いへの答えは重要な意義を持つでしょう。もし「それは白人の方が優秀で、ニューギニア人がバカだったからさ」なんて答えたら、ヤリはきっと激高するでしょう。『銃・病原菌・鉄』でも、ヤリは知的好奇心に溢れた頭の鋭い人物として描かれています。そういう人がちゃんといるのに、実際の歴史では、ニューギニア人がさまざまな技術や知識を発達させることはなかった。これは矛盾しています。

自分の問題として受け取る

それどころか、この問題は、読者にとっても重要な問いを突きつけています。なぜなら、「白人の方が優秀で、ニューギニア人がバカだから」というような答えは、明らかに人種差別的な考えであるからです。我々が、もし、このような答え方しかできないのなら、自分も「人種差別主義」に加担していることになる。それで良いのでしょうか？

それどころか、これを日本人に置き換えて「白人の方が優秀で日本人がバカだから、日本では近代化が遅れた」などというと、「おれたちはバカだった」という自己否定にもなりかねません。つまり、この問題はニューギニア人にだけでなく、日本人にとっても「バカか、そうでないのか?」などという問いとなって、突き刺さってくるわけです。

逆に言うと、もし「それは白人の方が優秀で、ニューギニア人がバカだったから」という理由と別な仕方で「白人はたくさんのものを発達させたのに、ニューギニア人はそれができなかったのは、なぜか?」に答えることができれば、我々は人種差別的な考えから抜け出せ、日本人もそれほどバカではなかったのだ、と考え直せます。つまり、問題をどのように解決するか、は自分の生き方・考え方にまで影響を及ぼすのです。

問題の解決の仕方 → 自分の生き方・考え方を変える

通説は徹底的に批判する

そういえば「人種的差異」は耳に入りやすい陳腐な俗説の代表格です。いろいろなところで、この「民族的優位/劣位」という主張は姿を現し、こういう説は間違いだと否定するのは簡単ではありません。間違った説だと何となく感じていても、はっきりとは否定できない。道徳的には「すべての人間は平等である」という前提を受け入れればよいのですが、「それは理想だけど現実ではない。だって人類の歴史を見てごらん。西欧人の方が進歩しただろう!」と言われると口ごもる人も少なくないかもしれません。

その意味では、この問いは人種主義的偏見に対する挑戦になっています。一般的に言って、ある著者が、何か一つの問題について自分なりの解答を書く、つまり「ややこしい本を書く」という苦労をわざわざする背景には、この世にはびこる「間違った解答」や「おかしな考え」「誤解」「思い込み」「トンデモ説」を修正して、正しい理解を伝えようという使命感が必ずあります。

もし、そういう「啓蒙」的な思いがないのなら「あいつらはバカだから理解できない」と冷笑していれば済むはずです。あえて本を書いて自分の主張を拡げようとするのは、この種の誤解を正さねばならないと感じているからです。だからこそ「これこそが真実だ」と自説を広め、よくある説に文句を言う「通説批判」「常識批判」の形をとり、「一見間違っているようだが、よく考えてみると正しい」という「逆説」の形になるのです

問題の解決 ＝ 通説批判・常識批判・逆説

先人の業績だって批判する

もちろん、そういう「通説」だって、もしかしたら、先人が苦労して作り上げたものかもし

れません。だから、「通説批判」をすれば、当然、そういう先人が作った業績を否定することになります。本来は「バカじゃないか！」と一太刀で切り捨てたいところですが、「ややこしい本」では、そんな無礼な真似はしません。一応、先輩方が行った思考の内容を紹介し、リスペクトも表明しておかなくてはなりません。そこで「〇〇はこう言っている。これには……などの意義があるが×××」などと、内容をまとめて、そのうえで「だが、ここがおかしいのではないか？」などと問題化して、詳細に批判することになります。

この作業も、丁寧にやると長くなります。自分の説・主張に入る前に、先人たちの説をまとめて、ああでもない、こうでもない、といろいろ検討しなくてはならなくなるからです。たとえば、アリストテレスの『魂について』（講談社学術文庫は『心とは何か』）は、古代における心理学という位置づけの著作ですが、第一巻がほぼ、この先人の説の検討に当てられています。

第一章　心についての探究法と、それに関連する諸問題
第二章　心についての先人たちの見解
第三章　心を運動するものとする説の批判
第四章　心を調和とする説
　　　　心を自己自身を動かす数とする説への批判

第五章　心を自己自身を動かす数とする説
　　諸元素から成るものとする説
　　万物に内在するとする説の批判

目次はざっとこんな調子で、この後に第二巻が続きます。そこになって、ようやく「心の一般的な定義」「原因としての心の定義」など、アリストテレス自身の主張が出てきます。第一巻だけで全体の3分の1弱。「心」について、アリストテレスはどう言っているのか、早く知りたいという人は、本論にたどりつく前に心が折れそうになるかもしれません。

先人の説の検討

単なる俗説と違って、これらの先人の説の検討は大事です。「ややこしい本」の特徴はソクラテスの言う「対話」にあります。でも、対話は、著者と読者の間だけで起こるのではありません。著者が、先人の業績に「読者」になって対峙し、評価・批評するだけでなく、先人の立場に立って、その批判に答え、さらに、その反論に対して検討を加え……という過程も対話になっています。

つまり、著者も自説を主張するときは、先人と対話するのです。「ややこしい本を書こう」

という気持ちも、過去の「ややこしい本」を読んでいくうちに、違和感が膨らんでいって自分が言いたいこともしだいにクリアになっていく、というプロセスから出てきます。その気持ちが新しい「ややこしい本」となって結実するのです。

先人の業績を読む → 評価・批評する → 先人の立場から批判に答える → 反論に検討を加える

ただ、現代から離れた時代だと、当時、盛んに参照されたはずの「先人」たちの業績は、かえって馴染みが薄くなります。「ピタゴラスがこう言った」などと言われても、我々は元のピタゴラスの主張自体を知らないので、かえって戸惑うでしょう。アリストテレスの見解を知りたいだけなら、こういうところはむしろ飛ばし読みすべきかもしれません。俗に「メリハリのきいた読み方」と言いますが、実際、ややスピードをもって読み進むべきところとじっくり読まねばならないところは分かれます。その呼吸が分かるためにも、「自分が今どこを読んでいるか?」と、つねに自覚していることが大事なのです。

今どこを読んでいるか? → つねに自覚する → メリハリのきいた読み方

著者は問題の意義をアピールする

もちろん批判だけでなく、今まで通説があまりなかったところ、注目さえされていなかった分野に新しく光を当てる、というやり方もあります。こういう場合は、問題提起の部分に「なぜ、この問題を取り上げなければならないか？」という説明が長々とされていることも少なくありません。

それには、二種類の方法が知られています。一つは「この問題を解くことで、こんな利益があるぞ」と、著者が注目するメリットを強調する方法です。もう一つは「この問題を放置しておくと、とんでもないことになるぞ」とデメリットや被害を強調する書き方です。ただし、そういうところはサッと読み飛ばしてもかまいません。なぜなら、自分がその本を読んでみたい、と思った段階で、半分以上はその意義は感じられているからです。

問題の意義を強調する方法 ＝ メリットを強調 ＋ デメリットや被害を強調

通説をひっくり返す根拠

通説や常識的な見方は、社会の中に強固に根を張っているので、それをひっくり返すには

「私の言うことの方が正しい！」あるいは「私の取り上げている問題は重要だ！」と強調するだけでは伝わりません。もちろん、力や権威で強制することもできません。「ああ、なるほど、そういうことだったか」と読者から自然に言われるように、信頼できそうな根拠を出して正当性や重要性を納得してもらわねばなりません。

しかも、通説や常識に逆らうなら、くわしく説明しなければいけません。理屈が通り、ちゃんとした証拠がある根拠があってこそ、今までの捉え方に対して異論が唱えられるし、その解決にもより納得がいくのです。つまり、「ややこしい本」が、皆が気になっていた問題に対して、今までにない解答を出すのなら、それを支えるためには、とりわけ丁寧な説明や根拠が必要になるのです。とすれば、「ややこしい本」の基本構造は、問題と解決に加えて、根拠が必要になります。つまり、**問題→解決→根拠**という三部構成なのです。

ただし、当面の問題が解決しても、それで終わりとは限りません。最初に出した問題が大きい場合は、問題をいくつかに分割することもよくあります。だから、一つ解決しても、それがさらに新しい問題につながり、その問題を解決することで、次の問題がまた見えてくる、というしくみになります。つまり、問題と解決が複数組み合わさって、最終的な解決に至るのです。

問題1→解決→根拠→解決1→問題2→解決→根拠→解決2→問題3→解決→根拠→解決3→……

たとえば、前述した『銃・病原菌・鉄』では、まず農業技術がユーラシア大陸で伝搬していく過程を説明して「同じ緯度の広い範囲が必要」という技術発展の基本条件を解明します。そのうえで、アメリカ大陸でなぜそれが起きなかったか、を明らかにし、それを応用して、ニューギニア・オセアニアでも技術発展が起きなかった理由が説明されます。こうしたプロセスをたどって、ようやく最初の「ヤリの疑問」に答えているのです。

問題の形に敏感になる

このような問題、解決、根拠の要素は、全体の中での意味づけがそれぞれ違うので、自分が今読んでいるところがどこにあたるのか、意識しないと混乱します。問題部分を読んでいるのに、解決だと誤解したら意味がとれないし、根拠の内容を理解できなければ、解決に納得が得られません。こういう部分は、ことさらに丁寧に読む必要があります。逆に、通説を批判したり問題の意義を強調したりという部分は、問題の意義を理解しているなら、ややスピードを上げて読んでもかまわないでしょう。つまり、「ややこしい本」は、自分が今どの部分を読んでいるのか、それが全体の中でどう位置づけされるのか、を意識しつつ読み進める必要があるし、そのヒントは本文中にいろいろな形で現れます。

たとえば、**問題の形は、疑問・対立・矛盾のどれかの形**を取ります。疑問は「〜か?」、対立は「Aは〜と言うが、Bは〜と言う」、矛盾は「……になるはずなのに、なぜか……にならない」という形です。これらは、結局、最初の「〜か?」という疑問の形にまとめられます。対立は「AとBのどちらが正しいか?」、矛盾も「なぜ、こんなおかしなことになるのか?」という疑問に落とし込めるからです。だから、疑問になりそうな表現が出てきたら、気をつけてゆっくり読まねばならないし、それ以外の所はサクサク読み進めるのです。

読む際の意識の仕方を練習する

では、次の文章を読んで、どこが問題なのか、また解決はどこにあるか、判断する練習をしてみましょう。

❶ 科学技術の発展は目ざましく、先端化していくにしたがって、科学技術の研究者といえども自分にごく近い隣接分野がどのような状況にあるかはなかなかわからない。

一般の人々にとっては、「クォークに質量のあることがほぼ確定した」といったニュースを聞いても、それが何を意味するのかはまったくわからない。

（中略）

❷ そこで科学技術の内容を一般の人たちにわかるように解説することを専門とする科学技術ジャーナリストが登場することになる。……こういった科学技術ジャーナリズムの努力は高く評価すべきであるが、いろいろと問題も存在する。たとえばテレビの天気予報において、明日午前に雨の降る確率は二〇％であるといった表現をとっているが、……多くの人にその意味がわかっていない。ふつうの人々には、雨が降るか降らないか、台風が来るか来ないかといった形の、いわゆるイエスかノーかの二分法的説明でないと、なかなか理解できない……。したがって、むずかしい科学技術の内容を、しばしば単純に割りきって述べることになってしまって、正確な内容から隔たった理解をさせてしまう危険性がある。

❸ 科学技術ジャーナリスト自身、説明しようとする内容を十分に理解しているわけではないというところにも問題がある。かなり短絡的な結論を出してしまったり、新しい発明・発見をしたという研究者から取材して、その研究者の言うことを鵜呑みにして書いてしまって、じつはかたよった見方を読者に植えつけてしまうという危険性も

ある。

---

❹（中略）どうすれば第三者的立場から十分なチェックをして、安全性を確保していけるかは、これからの大きな課題である。科学ジャーナリズムにおいても、よく検討すべき問題であろう。たとえば原子力のような複雑なものは、科学ジャーナリズムなどが適切に橋わたしをしなければ、一般の人たちには、客観的な立場からのものの見方をすることは、たいへんむずかしいのである。

❺あることがらに対する科学的説明は論理的で、その範囲内においては反論の余地のないものであることがほとんどである。しかし、それでも社会の多くの人々を納得させることのできない場合があるのはなぜか、を考えることが必要だろう。

❻それにはいろいろな理由があるだろう。一つは、その科学的説明の前提となっていることが、ほんとうに確信のもてることなのかどうかということである。もう一つは、論理的、科学的説明といっても、説明に用いられる推論規則は絶対確実なものではない。九九・九九九％まちがいないといわれても、〇・〇〇一％の確率でおこる可能性があるとすれば、それに対する心配がある。また理論がまったく予想しない条件が生じないともかぎらないという心配もある。原子力発電所の建設などに対する反対は、そういうところから生じていると考えられる。

（中略）

❼もっと直接的に個人に関係するのは、インフォームド・コンセントであろう。自分の病気がどういうものであり、どういう手術をしたら、どのようになるか、手術の成功率・危険性はどのように判断したらよいか、といったことすべてについて、医者の説明を聞き、それを理解し、医者の助言によって自分が判断し、決定しなければならない。そのときに、完全に理解して明確に決定することができないという場合が多いだろう。しかし、自分の運命は自分が選択しなければならず、そのためには納得のいく説明を受け、十分な理解をする努力が必要になる。（中略）

❽科学的な説明は論理的なものであり、そのようにして説明されたことはまちがいがないから、人はそれにしたがわねばならないと一般に思われているかもしれない。しかし、論理的な理解のほかに身体的レベルにおける理解、心の底から納得できる状態というものがあって、これは必ずしも論理的なものかどうかはわからないが、個人にとってはむしろこの納得のほうがはるかに優位にある理解の状態といってよいだろう。客観的真理が絶対的なものでなく、それを超えた理解の状態の大切さということにもっと目を向けるべき時代にきているのではないだろうか。

（長尾真『「わかる」とは何か』による）

ここでは、第❺段落の「科学的説明は論理的で……反論の余地のない……それでも社会の多くの人々を納得させることのできない場合があるのはなぜか」が疑問文なので、これが、全体の中で問題にあたると分かるはずです。「なぜか（?）」とあるので、問題はもともと「論理的で……反論の余地のない」と「人々を納得させることのできない」の二つが矛盾する形になっていると分かりますね。

問題と解決に集中する

それまでの第❶〜❹段落は「科学ジャーナリズム」を例にしたイントロダクションにすぎません。だから、けっこう長い部分だけど読み飛ばしてかまいません。では、「なぜか?」に対する解決は、どこにあるのでしょうか? 「なぜか?」という問いなので、解決は「……だから」という理由の形になります。第❻〜❽段落を見ると、その解決は「いろいろな理由がある……一つは……もう一つは……もっと直接的に個人に関係するのは……」と三つ挙げられています。

科学的説明の前提に確信がもてない
科学的説明で用いられる推論規則が絶対確実ではない
自分の運命について判断・決定しなければならない

このような場合は、科学的説明だけでは納得できないと筆者は言います。とくに、三つ目の「インフォームド・コンセント」の例は切実です。私も心臓の手術を受けたとき、事前に手術した場合と手術しない場合のメリット・デメリットの説明を受け、さらに成功の確率が60％と伝えられました。結局40％の確率にあたって、一年後に再手術という運びになりました。生命に関わることなのでガックリしました。第❽段落にある「身体的レベルにおける理解、心の底から（の）納得」が必要になる、という主張が実感できますね。

問題	科学的説明は論理的で反論できない。それなのに（矛盾）、多くの人々を納得させられない　**矛盾**↓（なぜか？）**疑問**
解決	①説明の前提に確信がもてない（から） ②推論規則が絶対確実ではない（から） ③自分の運命について判断・決定するなど、身体的レベルにおける理解、心の底からの納得が必要な場合がある（から）

頻出語彙を確認する

ところで「論理」「反論」「前提」「推論規則」などの言葉は理解できますか？　これらの語彙は「ややこしい本」では頻出で、理解が曖昧だと何を言っているのか、分からなくなります。分からなかったら、面倒でも辞書を引いて確認しましょう。「論理」は「～ならば、……である」という形で必ずそうなることが示される言い方。「反論」は「その結論はおかしい」と相手の言うことに異議を唱えること、「前提」は、「～ならば」の「～」にあたる内容、「推論規則」は「……は～であるか、～でないか、のどちらかである」、というような言い換えの規則を言います。そうすると上記①～③は次のように書き換えられます。

①「～ならば、……である」と説明されるときの「～ならば」が信用できない

②「BはAであるか、Aでないかのいずれかである」などとは必ずしも言えない

③判断の結果が重大な場合は、理屈だけでは納得できない

自分なりの例を考えれば、以下のようになります。

①「万全の対策が講じられているから（ならば）、原発は安全である」というが、「万全の対策が講じられている」と、はたして言えるのか？　たとえば、地震等の天災への対策

は十分か？　どれだけの故障が予想されているのか？

②「原発の事故はほとんどない」というが、「ほとんど」とはどういう意味か？「ある」か「ない」か、のどちらかに決めてほしい

③「この手術が成功すれば治ります。確率は60％です」と言われる。成功する確率が高いことは分かる。しかし、失敗が怖くて、なかなか手術に踏み切れない

こうしてまとめてみると、問題と解決を把握するために、かなりの部分が読み飛ばされている反面、問題と解決を十分に理解するには、言葉のきちんとした理解と、それを自分なりにイメージ化する能力が大事なこと、さらに、そのイメージ化には、もともとの文章の例が役立つ場合も役立たない場合もあることが分かります。理解するのは自分なのですから、自分が分かりやすい例を作るのが一番良く、筆者が文中で出した例が分かりやすいとは限らないのです。

これが「ややこしい本」の特徴です。**言いたいことは、ほんの少しだけで、あとはそれをハッキリさせるためのイントロや例示や説明**なので、大事な部分だけ理解して、それを自分なりにイメージ化できれば、あとは読み飛ばしてかまわないしくみになっているのです。とはいえ、読み飛ばす箇所を決めるのは簡単ではなく、読後に「あそこはたいした内容じゃなかったな」と思い返すことも少なくないのですが、それでも、内容が整理できるのは大切なことです。

対立を捉えるのはけっこう厄介

先の例は問題が矛盾の形でしたが、今度は対立の形の問題を見てみましょう。同じ問題に対して賛成・反対と違った意見があるのが「対立」です。たとえば、原発の再稼働について「賛成」する主張と「反対」する主張と二つの立場がある場合は「どちらをとればいいのか？」と二者択一を迫られます。ただ、そんなふうにくっきりと分かれるのなら読むのも楽なのですが、現実には必ずしもそうはいきません。対立が入り組んでいる場合も少なくないのです。

次の例は、新聞記事なので格別「ややこし」くはないのですが、それでも二つの対立点を捉えようとするとけっこう面倒です。これらの主張はどこが同じで、どこが違うのでしょう？

Ｉ

透明で信頼される再稼働基準に見直せ（日本経済新聞２０１２年６月18日朝刊社説）

政府は関西電力大飯原子力発電所３、４号機の再稼働を正式に決めた。野田佳彦首相が枝野幸男経済産業相ら３閣僚と協議し、最終判断した。これを受け関電は再稼働の準備に着手し、7月下旬にもフル稼働する見通しという。

首相は原発の安全性と停止が長引くことによる経済への影響を考慮し、再稼働を「私が決める」としてきた。電力不足が見込まれる関西では梅雨明けとともに需要が膨らむ。フル稼働がそれに間に合うかは微妙だが、首相自身が決断したことはひとまず評価したい。

一方で、再稼働の是非をめぐって世論が大きく割れたことを、首相は重く受け止めるべきだ。

首相と3閣僚はストレステスト（耐性調査）の1次評価を踏まえ、津波や地震に対して原発が安全か見極める基準を設けた。この基準自体は妥当だが、本来ならば独自に基準を設けて安全性を厳しく審査し、それを国民に示すのは、専門家集団である原子力安全委員会の役割だったはずだ。

原発ゼロが続けば電力不足を解消するメドが立たず、天然ガスの輸入などで年3兆円の国富が流出する。国民生活や経済に及ぼす悪影響を勘案し、再稼働の可否を総合的に判断するのは政治の役割だ。だが大飯原発では政治家が技術的・専門的な領域まで踏み込んで決めたとの印象を国民に与え、逆に不信を招いた面は否めない。

政府は大飯に次いで四国電力伊方3号機などの再稼働を検討し、首相は「丁寧に個別に判断していく」と述べた。だが大飯と同じような基準や手続きでよいのか。

原子力の安全行政を担う「原子力規制委員会」の関連法案が今国会で成立の見通しとなり、9月までに発足する。福島原発事故で対応が混乱したことを教訓に、事故のときには規制委が技術的な判断を下し、首相はそれを覆せない仕組みにするという。

原発の再稼働でも規制委が安全基準づくりを急ぎ、責任をもって安全確保に取り組むべきだ。規制委がまず安全性を確認したうえで、首相らが経済や国民生活への影響も考えて判断するならば、国民も理解しやすいはずだ。

それには失墜した規制機関の信頼を取り戻すことが欠かせない。規制委の5人の委員は、原発の知識に加え、広い見識をもつ人材の起用が必須だ。政府は規制組織の器をつくるだけでなく、魂を入れることに全力を挙げるべきだ。

II

大飯再稼働　原発仕分けを忘れるな（朝日新聞2012年6月17日朝刊社説）
関西電力大飯原発3、4号機の再稼働が決まった。
野田政権は脱原発依存への道筋を示さないまま、暫定的な安全基準で再稼働に踏み切った。多くの国民が納得しないのは当然である。こんな手法は二度と許されない。

原発に絶対の安全はない。事故が起きたときの被害は甚大である。原発はできるだけ早くゼロにすべきだ。ただ、短期的には電力不足で日々の暮らしや経済活動に過大な負担がかかりかねない。どう取り組むか。

私たちが昨年来、求めてきたのは全原発の「仕分け」だ。

福島事故の教訓をしっかり反映させた新たな安全基準と個々の立地に基づき、危険性の高い炉や避難が難しい原発から閉めていく。そのうえで第三者の目で必要性を精査し、当面動かさざるをえない最小限の原発を示し、国民の理解を得る。

こうした作業の要となるべきなのが、8月にも発足する原子力規制委員会とその事務局となる原子力規制庁だ。

これまでの原子力安全委員会や原子力安全・保安院は、地震や津波の専門家から活断層の存在や過去の津波被害などについて新たな知見が示されても、規制の強化に反映しないなど、原発推進機関と化していた。

新しい組織が抜本的に生まれ変われるのか。規制委5人の人選は極めて重要だ。委員の中立性を保つため、原子力事業者からの寄付情報の公開も徹底しなければならない。

規制庁は約1千人規模となるが、当初は大半が保安院や安全委、文部科学省など従来の原子力関連組織からの移籍組だ。

統合される原子力安全基盤機構（JNES）を含めて、いずれも電力会社や原子炉メーカーに、人や情報の面で依存する部分が大きかった。

器を変えても、なかで仕事をする職員の意識が変わらなければ、独立性が高まった分、「原子力ムラ」がかえって強化されかねない。

規制庁は、5年後から全職員に出身官庁への復帰を認めないことにした。この間に職員の意識改革を徹底し、独自採用を含めて人材の確保・育成を進める必要がある。

政権内には、新組織が発足すれば、残る原発も従来のストレステストの延長線上で再稼働が決まっていくとの期待がある。

だが、規制委や規制庁がまず取り組むべきは厳格な安全基準の策定だ。それに基づいて、すべての原発を評価し直し、閉じる原発を決めていく。再稼働はそれからだ。

（2013年度慶應義塾大学経済学部入試問題より）

まずIでは、政府の大飯原発再稼働決定を話題にし、経済への影響を考えて決定を支持すると述べます。ただ、専門家集団が基準を設けるべきだったのに、政治が判断したのはいけないと批判し、そのうえで、原子力規制委員会が安全性を確認してから首相が判断する形にせよと言う。その際、規制委員会の人材起用に気をつけるべきだ、と付け加えます。

それに対して、Ⅱでは同じ話題について、脱原発依存の道筋が不明なので納得できない、と批判的です。原発はゼロにすべきという立場なのでしょう。ただ、短期的な電力をどうするかの問題もあるので、必要・不要を原発の専門家が判断すべきだと主張します。今まで、原子力規制委員会・原子力規制庁は中立性が保証されなかった。そこで電力メーカーへの依存を断ち切り、厳格な安全基準を策定して閉じる原発を明確にすべきだ、というのです。

	Ⅰ	Ⅱ
再稼働への評価	支持	批判
原発の展望	経済への影響を重視すべき	経済活動に配慮しつつゼロにすべき
安全基準の作成	原子力規制委員会	原子力規制委員会
提案	委員会の信頼を取り戻す人材	委員会の中立な人選

表にすれば一目瞭然ですが、再稼働決定への評価と原発の展望ではⅠとⅡは対立します。それでも、原子力規制委員会が安全基準を作成すること、委員会の人選に気を配るべき、という主張はほぼ同じです。まとめれば、次のような感じでしょうか？

両者の見解は、再稼働への評価と原発の展望に対する判断で異なる。Ⅰは再稼働を肯定するのに対して、Ⅱは、原発はゼロを目指すべきだと主張し、再稼働を否定する。とはいえ、両者とも経済への影響を考慮するのは同じで、政治家ではなく、専門家が再稼働するかどうかを判断すべきだという。ただ、現在のままでは、原子力規制委員会の中立性が保証されないので、中立的な人選をして安全基準を国民が信頼できるものにすべきだというのだ。

「私は誰？ ここはどこ？」で読み解く

Ⅱはちょっと複雑な主張ですね。「原発事故が起きたときの被害は甚大だから、原発は早くゼロにすべきだ」と言いつつ、「ただ、短期的には電力不足で日々の暮らしや経済活動に過大な負担がかかりかねない。どう取り組むか」と問題が続きます。つまり、原発を否定しながらも、よく言われた「原発即時廃止論」とは一線を画しているわけです。「原発即時廃止論」だけでは「それで電力が不足したらどうする？」と批判が出てくることが簡単に予想されるので、先回りして「どう取り組むか？」と、自分から問題を提起しているわけです。

気になるのは、議論が複雑になって、「原発を廃止すべき」という基本的立場なのに、後半は「残すべきものは残し、廃止するものは廃止する」という歯切れの悪い表現になっていることです。これを「曖昧」と感じる人もいるかもしれません。「何、ゴチャゴチャ言ってるんだ！Yesか Noか、ハッキリしろ！」と言い出すわけですね。しかし、残念ながら世の中には単純に割り切れないことが多々あります。両立しにくい条件の中で何とか現実的に可能な解決を探すのは「歯切れの悪い」結論に見えますが、即時廃止では問題が起きるのは明らかです。とすれば、こういう「歯切れの悪い」解決も「用意周到」と言えるかもしれません。

いずれにしろ、面倒な問題を無理に単純化するのは、「ややこしい本」の読み方ではありません。意見が対立するときには、まず「何が、どう違うのか？」と対立点を整理し、違いがハッキリしてから「どこが共通するのか？」を確認して、それから「どちらが妥当なのか？」という疑問に落とし込まないと理解が浅くなります。

YesかNoかに落とし込む前の検討

対立の場合は、こんなふうに、結局「どちらが妥当か？」という評価に行くのですが、そこまでたどりつくまでにはいろいろなプロセスがあります。その経過を無視して「どちらが妥当か？」にばかり集中してはいけません。実際、この二つの文章でも原発の再稼働に関しては、反対／賛成と旗幟《きし》鮮明なのに、展望と基準については双方ともよく似ていることに注意しましょう。としたら「朝日は非現実的、日経が現実的」などと対立させることに意味はありません。「Yes か？　No か？」と迫るだけでは、対立見解を調停できず、将来につながらないのです。

この頃、SNSなどでは「論破」と言って、論争相手を決めつけて批判する発言が目立ちます。その際、よく使われるのは「藁人形論法」。つまり、相手の議論の複雑性を認めず、その主張を無理に単純化して「これじゃダメだ！」と言い放つやり方です。しかし、この行為は「ややこしい本を読む」の対極にあります。大切なのは、「Yes か？　No か？」を迫ることではなく、対立の中からより良い結論に達することなのです。

この項でのポイント

- ●前書きや後書きから内容の見当をつける
- ●問題にどんな意義があるか、自分ごととして理解する
- ●解決は通説・常識をひっくり返す
- ●問題＋解決＋根拠の組み合わせに分解し、大事な部分を中心に理解する
- ●自分が今どこを読んでいるか意識する
- ●対立の中から、より良い結論に達するように読む

❹理屈はきっちりとたどる――根拠が分かる自分を作る

書き手が示した解決を、読み手に納得してもらうには根拠が必要です。だから、「ややこしい本」を書くと、必ず、根拠を説明する部分が長々と出てきます。ここで迷子にならないように注意しなければいけません。

問題に対して「こうじゃないの？」と解決を示すことは、別の言い方で言えば、自分の「意見」を言うことです。「意見」とは、英語では opinion ですが、もともとは古代ギリシア語のドクサで、ドケオー（思う、考える）という動詞から来ています。意味は「思い込み」。しかし、各人が、自分の思い込みを勝手にしゃべったり書いたりするだけでは、他人は「なるほど、そうか！」と納得してはくれません。むしろ「それは君が思ったというだけで、私の思ったこととは全然違うよ」と言われます。そんな他人を説得するには、有無を言わさず「なるほど！」と思わせる仕掛けを用意しなければなりません。

意見から正しさへの道のり

その仕掛けとは何か？　**理由と説明と例示の三点セット**です。つまり、「なぜ、その意見が正しいか?」と理由を述べ、それをくわしく説明し、さらに具体的な事物で保証する。著者によっては、素人にも分かりやすいように比喩を使ったり、エライ人の言葉を引用したり、別のものと対比することで明確にしたりしますが、基本はこの三つです。

その中でも、とくに大事なのが**理由と説明という理屈**の部分です。個人の「思い込み」を誰もが納得する考えに昇格させるために、「ややこしい本」は、まず理屈を使って正しいことを示そうとします。たとえば、Bという人が殺された事件で、Aが犯人でないことを証明するためには次のようなやり方をします。

「AがBを殺したとする。とすれば、Bが殺された日時にAは殺人現場にいなければならない。ところが、その日時にAは200km離れたところにいたことが目撃されている。だから、Aが殺人現場にその日時にいたはずがない。したがって、Bを殺せたはずがない」。このアリバイ証明は「背理法」を使っています。つまり、示したい事柄と反対の内容をわざと仮定し、それが結局のところ無理な結果になることを示し、だから、最初の仮定と反対の事柄が正しい、と結論づけるわけです。こんなふうに、「だから……したがって……」と前提を言い換えていくというテクニックを使われると、読者は納得せざるを得ない、という結果になります。

AがBを殺したと仮定する
←
Bが殺された日時にAは殺人現場にいなければならない
←**だが**
その日時にAは２００km離れたところにいたことが目撃されている
←**だから**
Aは殺人が可能な日時には現場にいない
←**したがって**
AがBを殺したはずがない

つまり、**最初の前提を次々と言い換えて**いって、そこから、**最終的に示したい結論につなげる**ことで、否定できないな、という納得を生じさせるのです。言い換えをたどっていくと、自然に結論までたどりつく。そうすると、読む方は「なぜ、正しいのか？」という疑問が氷解して「なるほど！」と納得するのです。

前提を言い換える → 結論が出てくる → 納得させられる

ただ残念なことに、皆が皆、こういう言い換えをさっとたどれるわけではありません。こういうふうに前提を言い換えると不合理な結論になるから、もともとの前提が間違いと示す方法が前述したように「背理法」なのですが、「背理法なんて分からないよ」という人もかなりいるようなので（「背理法被害者の会」などという団体もあるとか）、世の中には、いくら説明しても言い換えをたどれない人がいるようです。それどころか、分かってもらおうと丁寧に説明すると「つべこべ言うな！」とか「うるさい、理屈を言うな！」などと逆ギレして、時には暴力まで振るわれます。だから、世の中では理屈に合わないことが横行したり、納得できなくても従わねばならなかったりする。それが繰り返されると、理屈に合わなくても気にしない癖がついてしまいます。

理屈を追う能力を訓練する

ただし「理屈を追えない」と「ややこしい本」を読むことは絶対にできません。洞窟などの暗闇で生きる動物の目がしだいに機能を失い、やがて器官として存在しなくなるように、使わない器官はしだいに使えなくなる、これを「廃用」と言います。同様に、理屈を追って考えて納得につなげる習慣をつけないと、論理を使う能力が「廃用」になります。いったん使えなくなると、それを取り戻すのは大変です。それより「単なる理屈が何の役に立つんだ?」とか「オレに分からない理屈を言うお前が悪い!」などと居丈高に自分の能力の無さを正当化するのが簡単になってしまう。こんなふうにこじらせると、もう「ややこしい本」など読もうという気持ちすらなくなるでしょう。

100mを10秒台で走るには、アスリートでも日々の練習が必要です。同様に、理屈を追って納得につなげる能力も、日頃から練習を重ねて一定レベル以上に保っておく必要があります。題材は何でも良いのですが、「なぜなのか?」「どうしてなのか?」という問いに答えつつも、納得できる結論にまでつなげていく。この能力が高まらないと、「ややこしい本」の素早い理屈の推移にはついていけません。最初は、時間がかかってもかまわないので、次の問題で練習してみてください。

A　この間のオリンピックについて、またドーピングによるメダル剥奪があったね。やっぱりイタチごっこで、なかなかなくならんものかね。

B　しかし、そもそもドーピングの規制なんてなぜ必要なのかな。前々から不思議に思ってきたんだけど。

A　それは健康を害するからだよ。ドーピングの疑いがあったメダリストが若くして急逝した例があっただろう。

B　それが規制の理由になるのかね。

（1）

A　そう単純ではないだろう。

（2）

それに健康の点は別にしても、薬でいい成績をあげたやつに勝たせるのはどう考えてもアンフェアだろう。

B　どこがアンフェアなんだ？

（3）

A　君があげた、どの理由も説得力があるとは思えないね。

（4）
だいたいドーピング規制がいらないなんて極論誰も支持しないよ。現にドーピングの規制それ自体に反対する国も団体もないじゃないか。
B　君は、みんな文句を言わなければ、理屈がない規制であってもそのまま肯定するのかい？
A　それが民主主義ってもんだろう。
（東大法科大学院入試問題より）

これは「書く」ための練習であって、「読む」ための練習ではないと感じるかもしれません。しかし、このぐらいの理屈を爆速でサクッと言えないと、「ややこしい本」をたやすく読むことなど、とてもできません。筆者の頭に対抗するには、自分の頭の動く速度も上げておかなければならないのです。複雑な議論を理解するには、日頃から自分の頭のスペックを上げておくべきなのです。

どんな理屈を思いつくか？

「ドーピング」は、筋肉増強剤や興奮剤などの薬品を摂取することで、運動のパフォーマンスを上げる行為です。この話題をめぐって、AとBの二人が会話しています。Aは「ドーピングを規制せよ」、Bは「ドーピングは規制しなくてよい」という立場のようです。クイズのようですが特別な知識は不要で、日常生活で知っている範囲で十分解ける良い問題ですね。特別な知識なしで、どこまで、自分でも「なるほど」と思えるような理屈を組み立てられるか？

即座に理屈を作れるようなら「ややこしい本」でも、先回りしながら読めます。すると、それを裏づけるように「ややこしい本」の論述が進む。「やった、分かった！」と歓喜が湧き上がる。反対に、自分の考えを裏切るように叙述が進むとしたら、「いや、こちらの方が正しいだろ！」と自分の理解を投げ返す。そんなふうに、**自分の読解と「ややこしい本」の論述が競うように進行していけば、読書がスリリングな体験に変わる**はずです。さて、この(1)〜(4)にどんな発言が入ったら理屈が通るでしょうか？

ロジックのしくみを見抜く

まず問題に書かれている事実に注意を向けて、そこから考えるヒントをもらいましょう。文中では、Aが「ドーピングはいけないよね」という前提で会話を進めようとすると、意外にも、Bが「ドーピングの規制がなぜ必要なのか？」と反問してきます。それに対して、Aは「健康を害して、死ぬかもしれないでしょう？」と理由づけする。

でも、Bは、それにも異議を唱える。「それが理由になるのかね？」、つまり、「健康を害する」ことなんて理由にならないと言うのです。むしろ、「健康を害」したって規制しなくていいし、自由に摂取させていいはずだ、とたたみかける。この奇妙なBの理屈をどう立てたらいいのでしょう？

最初の殺人事件のアリバイ証明を思い出しましょう。「ドーピングは健康を害しない」とAに対抗して弁解するのではなく（いろいろ医学的なデータが出ているので、さすがにそれは無理筋です）、むしろ、開き直って「ドーピングは健康を害して死ぬかもしれない」と仮定して、結論「規制しなくていい」にまでつながる言い換えを作れれば「ドーピングは規制しなくていい」という理屈になるはずです。「ドーピングはいけない」という常識的な判断を取っ払って、さらにその先まで考えるのです。

| ややこしい本を読む | ＝ | 常識的判断を超えて考える | ＋ | 言い換えを作る |

まず原理を考える

たとえば、「ドーピングで自分の身体を悪くしたとして、それが、そもそもそんなに悪いことなのか？」と考えます。殺人や傷害など、他人に害をなしたり迷惑をかけたりすることだったら規制しなければならないが、自分の身体に害をなすだけなら、他人に迷惑をかけないのだから規制しなくてもいいのではないか？

疑念を持つ ＝ 自分の身体に害をなす ↓ 規制しなくていい？

考えてみると、世の中には、身体に悪い行為や習慣は、喫煙や飲酒などたくさんあります。でも、そのすべてが「やってはいけない」とか「法律やルールで規制される」ことにはなっていません。たとえば、酒は飲みすぎると肝臓を悪くして身体に悪い。長期的に見ると覚醒剤や麻薬より有害という人さえいる。しかし、飲酒は禁止されていません。もちろん20歳未満はダメですが、判断力を持った大人なら飲んでも咎められない。本人だって身体に悪いことは承知のうえだけど、酔っ払って良い気持ちになるというメリットがあるから飲む。他人に迷惑をかけない限り、自分なりの利益を求めるなら「好きでやっているんだから」と許します。

具体的事象に応用する

この原理を、ドーピングに応用したらどうか？　ドーピングをするのは競技に勝つためです。それは確実に身体に悪いし、もしかしたら死に至るかもしれないけど、死ぬのは自分だけなので、他人の害にはならない。本人もリスクを承知しているが、競技に勝てば報奨金がもらえたり有名になれたりする。そのメリットとリスクを天秤にかけて「自分はあえてドーピングする！」を選んだとしましょう。何が自分にとって大事かは個人の価値観なので、他人は「止めた方がよい」とアドバイスできても「止めろ！」と強制はできない。自分の責任の範囲ならいちいち規制する必要はない。いわゆる「自己責任」の理屈ですね。以上の内容を元にして、Bの発言を具体的に考えると、以下のようになるはずです。


身体に悪いというだけでは、ドーピングを規制する理由にならないよ。なぜなら、本人が危険を承知したうえで使っているなら、個人の自由だからだ。そういうものは世の中にたくさんある。それなのに、ドーピングだけ特別視するのはおかしいよ。

実際、酒は、酔うと良い気持ちになるけど肝硬変を引き起こすなど、むちゃくちゃ有害だ。それでも、酒は規制されない。他人に迷惑をかけないなら、自分の判断で呑んでもかまわない。本人が危険を承知でやっているのなら、その人の自己責任だよ。

ドーピングだって同じじゃないか。たとえ死ぬ危険はあっても、競技に勝つという利益も大きい。自分が死ぬだけなら、他人を巻き添えにしないのだから、本人がリスクとメリットを秤にかけて、ドーピングした方が利益ありと判断したなら、他人はとやかく言えないはずだ。一方的に規制するのはおかしいよ。

もちろん、私自身は「ドーピング賛成」ではなく「ドーピングは許されない」と考えており、これは、あくまで訓練として「Bが言うとしたら」という発言を想像しているのです。さて、上記で行われた言い換えは、次のように整理できるでしょう。

[ドーピングは人体に有害である]

↓

[同様なものは多いが、規制されていない]

↓ （例）酒は他人に危害を及ぼさない、酔う利益と比べて自己の判断で使用

[ドーピングは有害だが他人に危害は及ぼさない] ＋ [競技に勝つ利益がある]

↓ （例）ドーピングも他人に危害を及ぼさない、勝つ利益と比べて自己の判断で使用

[自分が「利益が大きい」と判断して使用する]

↓

[ドーピングも飲酒と同様の行為]

↓

飲酒が許されているのならドーピングだけ規制するのはおかしい

↓

ドーピングは規制すべきではない

論理の持つ説得力とは？

どうでしょう？　当初はとんでもないと思われた意見が、理屈を追って順に読んでいくにつれ「おかしくはないのかも……」という迷いが生じてきます。こういうふうに、最初は「そんなバカな⁉　あり得ない」と思われた内容が「そういう考えもあり得るかも……」と思えて、最終的には「この意見は一理ある」と感じてしまう。これが論理の持つ説得力です。だから、「ややこしい本」はこの手法を多用するのです。

「ややこしい本」を読むには、こんなふうに、論理を一つ一つたどって理解していくだけでなく、筆者の先回りをして、「この先こんな理屈が展開されるはずだ」と予想する力も必要になります。むしろ、それぐらいにならないと「何だ、分かってみれば簡単なことじゃないか！」と感じられないのです。

例示や比較の効果

もちろん、理屈（論理・言い換え）だけでなく、例示も読む者を納得させる役割を果たします。世の中には理屈をうまくたどれない人が一定程度存在するので、そういう人も理解できる仕掛けが必要です。それが、お酒とドーピングという具体的な比較です。

「ドーピングが身体に悪い」ことは認めたうえで、「では、摂取が身体に悪いものは、すべて規制すべきなのか？」と一般化し、規制されていない「酒」を例として出してくる。そのうえで、「酒が規制されていない」理由を考えます。それは「身体に悪いと知ったうえで、あえて飲むことを選んでいるのなら、他者に危害は加えていないので規制できない」という理屈です。これは専門用語で「他者危害原則」とも言います。つまり、自分のやったことで、たとえ自分が害を受けても、それが他人に害を及ぼさないのなら、その行為に対して、他人が介入して止めさせることはできないのです。

実際に、輸血してはいけないという宗教の教えを奉じている人がガンになったので、輸血しない手術を希望したという例があります。医師側は「輸血なしでも手術できる」と請け合ったのに、実際は、患者の生命を守るために患者に隠して輸血しました。この事件では、最高裁で患者側勝訴になったので、「他者危害原則」は一般的ルールとして認められているようです。

酒も飲みすぎれば死に至るかもしれないけれど、「他者危害原則」に基づいて、法律やルールで「規制」されていません。だったら、ドーピングも同じで、身体を悪くして死に至るかもしれないけど「ダメだ！」とは言えないはずです。この例示は、かなり強力なので、理屈がよく理解できない人でも、「酒とどう違うんだ⁉」と反問されると、ドーピングはいけない、とは言いづらくなるでしょう。

反論のポイントを考える

このように、⑴では、理屈を丁寧にたどることで「ドーピングは悪くない」というちょっと反常識的な結論が得られたわけですが、この問題が興味深いのは、そこで終わらせず、この理屈にAが反論する内容を考えさせる点にあります。世の中の「ややこしい本」には、一部かなり極端な主張をするものもありますので、それに対して、穏当な評価をすることも重要になります。このように、元の主張を鵜呑みにせずに、それに対して積極的な反論を加えていくことは、文章との対話であり、深く理解するために必須の作業なのです。

反論を考える → 文章との対話 → 深く理解するための必須な作業

では、Bの意見に対して、Aはどう反論したらいいのか？　そのヒントは、⑵の直前にある「そう単純ではないだろう」に注目することにありそうです。つまり、Bの理屈が、単純化しすぎてヘンなところにはまり込んでいる、と批判しているわけです。いったい、何が「単純すぎる」のか？

たとえば「Bの言うことはシンプルすぎて現実的でない」と批判するのはどうか？「他者危害原則」は、たしかに原理としては成り立ちそうだけれど、ことドーピングの場合には現実に合っていない。たとえば、自己責任論には、ちゃんとした判断力を持った成人が決めた、という前提があるはずですが、本当に選手たちはそんな判断力を持っているのでしょうか？

酒にも「20歳未満の者が酒を飲んではいけない」という法律があります。これは、若すぎると、酒の危険性とそのメリットを比較して、どちらが自分にとって利益があるか、を検討して適切に判断できる力が育っていない、と考えられるからです。そういえば、かつて「イッキ！イッキ！」などという周囲の囃《はや》し声に煽られて大学一年生が呑みまくり、急性アルコール中毒で死亡するという痛ましい事故が多発しました。これを見る限り、たしかに、若者たちには危険を適切に判断する力はなさそうです。だから、そういう無謀なことをしないように、判断力を持った大人が飲酒規制を行うべきだ、という理屈が立ちます。

現実と理論の乖離を突く

運動選手でも同じことが言えるかもしれません。多くのアスリートたちは、小さい頃からコーチについてスポーツ一筋に打ち込んでいます。そういう生活を送っていると、試合で勝つことが最高の価値だと感じるようになるでしょう。もちろん、コーチもそう教え込む。練習漬けだと、薬の知識や健康に及ぼす影響について学ぶ時間も十分取れない。たとえそういう気持ちがあっても、「ネガティヴなことを考えるな！　それより練習メニューをきちんと消化しろ！」と指導されるかもしれません。

練習に明け暮れる毎日で、それでも記録は思うように伸びない。こんな状況で「この薬を飲めば記録が0・5秒伸びるよ」なんてささやかれたら、一も二もなく飛びつくでしょう。たとえ選手がすでに成人だったとしても、はたして、それが「正常な判断力」と言えるのか？　こんなふうに考えれば、(1)の議論の「成人でちゃんとした判断力を持った人が決めた」という前提は疑わしくなります。この方向で、Bの主張に対する反駁を試みてみましょう。

君が言うように、選手がちゃんとした判断力を持って選択しているとは思えないね。選手は、子どものときからコーチについてスポーツに打ち込む。コーチは「スポーツの勝利が人生にとって最大の価値だ」と信じて疑わないし、選手にもそう教える。そういう環境で育てられたら、その価値観に染まるのは当然だし、コーチから「強くなるから飲め」と薬を勧められたら断れないだろう。

つまり、選手は、ドーピングのもたらす結果を十分に認識しないままに、選択する可能性が大きいし、たとえその害を知らされても、無視しようとする傾向さえあるだろう。そんな状態では、とても自分の意志で選択したとは言えない。死んでも自己責任だと放置するのは無責任だよ。危険を周知させるためには規制するほかないのだよ。

言い換えの連鎖は、次のように整理できます。

←
選手は子ども時代からスポーツに打ち込む ＋ コーチも勝利が最大の価値と教える

選手は「勝利が最大の価値だ」と思い込む
↓
薬の危険を学ぶ時間もない
＋
コーチから「強くなるから飲め」と勧められたら断れない
↓
危険を十分に認識しないままに選択する
↓
自分の意志で自由に選択したとは言えない
↓
自己責任だというのは無責任
↓
危険を周知させるためには規制すべき

ここでも、スポーツの実際のあり方という前提を次々に言い換えて、ドーピングしても自己責任とは言えない、だから規制すべきだ、という結論に持ち込んでいます。このように前提を言い換えて結論につなげて、言いたい主張になるのをたどれるように、理屈を追って読んでいきます。常識や固定観念、あるいは思い込みを外して、理屈だけに従って追求していくのです。

他の設問の解答を考えてみよう

設問(3)、(4)については、解答だけ提示します。(3)のポイントは「アンフェア」という言葉です。ドーピングがアンフェアではない、つまり「ドーピングだってフェアである」というBの反常識的理屈を、どうやって作り出せるか？　そこが考えどころです。ただ、(3)の直後に「どの理由も説得力がない」と言っているので、おそらくBは複数の理由を挙げて「ドーピングはフェアである」と主張したのでしょう。それに対して(4)は、その理屈に反駁しているのです。

(3)

使用を規制している中、規制を守る選手と破る選手がいるから、アンフェアと感じるだけだよ。ドーピング使用を容認して選手の自由意志に任せれば、ある人は選択し、ある人は選択しないはずだ。これは、あるトレーニング法を採用するかしないかと同じことだからアンフェアでもなんでもない。規制するより、むしろ自己決定権を与えた方が公平になるんだよ。

それに、そもそもオリンピックは単なる身体能力だけの競争ではない。各国の経済・

政治事情による設備投資の差異が選手の育成にも影響する。実際に、水泳など設備に費用のかかる競技は先進国が有利じゃないか。でも、そういう国ごとの差を問題視していないのだから、薬の差だって問題視すべきではないのだよ。（298字）

(4)
なぜなら、全ての選手に薬の使用を自由にしたら、間違いなく薬物使用は加速するからだ。試合に勝つのが最重要課題なのだから、使用しないと自分の選手生命を危うくする。わざわざ、損な選択をする人間はいない。非現実的な仮定を置いてはいけないよ。

それに、君の意見はそもそも「健全な肉体を構築する」というスポーツの理念に根本的に反しているよ。薬物使用を容認すれば、新薬開発に金がつぎ込まれ、豊かな先進国の方が金をかけられるので、貧しい国より有利になるはずだ。その結果、スポーツは身体の能力の競い合いより、国ごとの科学力や経済力の競争になってしまう。そんな競争を「スポーツ」として人々が見たがるとは、とても思えないよ。（300字）

これらの解答が正しいかどうかは読者の皆さんの判断にお任せします。「自分なら、もっと良い解答ができる」と思えるなら、それは筆者の先回りができるのですから素晴らしいことです。(3)(4)について眼の覚めるような解答をしていただけるなら、ぜひ送ってください。読者の理解が筆者を超えるのは、むしろ冥利に尽きるというものでしょう。

矛盾を解く理屈を考える練習

このような論理を追って議論を展開する力がつけば、前に触れた『啓蒙の弁証法』の「啓蒙」から「犯罪・悪」への展開も簡単に予想がつくはずです。ヒントは「啓蒙」という言葉の意味。民衆に知識を与えるというのですが、どういう知識を与えるのか？　宗教や道徳を与えたら、無学な民衆にまた偏見を植えつけるだけです。だから、啓蒙が与える知識は科学的なもの、つまり偏見から自由になって、事実・自然だけに基づく一貫した知識とそれに基づく思考だけなのです。

これを人間に適用するとどうなるか？　人間は生物なので、自己保存のために行動するのが自然であり、その過程で優れた人間が劣った人間を利用することもある、という考えにもなるでしょう。宗教や道徳という枠があれば、弱者と強者の間を調停できるかもしれませんが、生物間の競争ならむき出しの闘争になります。法律も宗教・道徳の影響を受けているので無視。

すると、優れた人間が劣った人間を徹底利用して自己の衝動・欲望を押し通す。当然、犯罪・悪に至るし、そもそも悪とも思わない……こんな感じでしょうか？

啓蒙の意味
←民衆に正しい知識＝科学を与えること
←自然の法則に合わないものは認めない
←宗教・道徳も偏見だから無視していい
←自己の生存を最大化するという衝動に従う
←法律・道徳が禁ずる犯罪や悪をしてもよい

このような言い換えをしていけば、「啓蒙」から「犯罪・悪」までが一直線につながっていきます。もちろん、著者たちはこういう「啓蒙」を全面的に肯定しているわけではありません。むしろ「啓蒙」という本来「善きもの」であったはずのものが、その反対に危険な悪へと人間を導く可能性があることを警告しているわけです。実際、ホルクハイマーとアドルノは「啓蒙」をファシズムと結びつけ、啓蒙はファシズムの温床だった、と主張をしています。「科学以外何も信じない」という精神のあり方が、いつの間にか他者の生命を平気で奪うファシズムにつながる姿には、「他者危害原則」という一見明晰なルールが、ドーピングの全面容認へとつながっていく、先の解答⑴の流れと共通性を感じますね。

長すぎる理屈を整理する

さて、この方式を使って、前に触れた『銃・病原菌・鉄』も整理してしまいましょう。すると、800頁を超える大作を理解するのもそれほど難しくないことが分かります。なぜなら、著者は「現代における富・技術の分配は、なぜ不平等になっているか?」という問題に対して、端的に言えば「農耕社会の成立時期が原因だ」と答えているからです。ただ、そこに金属器の使用、家畜飼育という要素も入ってくるので、もう少し正確に言えば、以下のようになります。「農耕社会の成立と、それにともなう金属器の使用、家畜飼育の時期の違いが、現代における富・技術の不平等な分配の原因になっている」と。これら複数の要素がどう関わってくるかは、以下のように整理できます。

農耕社会が成立する

↑

農耕には栽培作物と農耕を補助する動物が必要である

↑

栽培可能な作物、家畜化可能な大型動物が圧倒的に多いのはユーラシア大陸である

↑

最初の農耕文明、家畜飼育はユーラシアで起こった

↑

人口が急増して都市文明が起こり、金属器も発達した

↑

栽培作物は同じ緯度で育ちやすい ＋ ユーラシア大陸は東西に長く同緯度地域が拡がる

↑

（**対比**）オーストラリアは小さく、アフリカ・アメリカは南北に長い

農耕文明・金属器・家畜飼育が急速に広まった

←（**対比**）アフリカ・オーストラリア・アメリカでは農耕・金属器・家畜飼育が遅れた

← ユーラシアに住む人々が圧倒的な経済力と軍事力を発達させた

← 他地域を支配して収奪した ＋ 家畜由来の伝染病も広めて他地域の人口を減少させた

← 富・技術がユーラシア（とくにヨーロッパ）中心に分配された

もちろん、このまとめは簡潔すぎて、日本など『銃・病原菌・鉄』で論じられている他の地域が全部入っているわけではありません。日本人読者からすると自分たちが生存する地域に関係するエピソードが入っていないので、やや物足りない感じが残ります。それでも、この言い換えを見ただけで、タイトルが何を意味しているか分かります。銃・病原菌・鉄という三つの言葉は、農耕の成立と、それにともなう金属器の使用、家畜飼育における人畜共通感染症、さらにその発展としての圧倒的な軍事力・経済力の差を象徴しているわけです。

理屈を区分けして整理する

『銃・病原菌・鉄』のヤリの問いに対する答えを、現状における問題とそれをもたらした理由、つまり問題への解決を二つに分けて書くと、次のようになります。

現状／問題	現代における富・技術は、不平等に分配されている
理由／解決	農耕社会成立の時期が違っている（から）

つまり、現在、富・技術が不平等に分配されている理由は、農耕社会成立の時期が違っているためだというわけです。しかし、これだけでは疑問が残ります。つまり「農耕社会成立の時期が違っている」としても、どのように、その時期の違いが「富・技術の不平等な分配」につながっているのか？　それを順々に理屈づけていきます。つまり、ある事態が引き起こされた根本の原因が「理由」と呼ばれ、それがどのように作用してその事態を生み出すに至ったのか、細かいプロセスを明らかにする。これを「説明」と言ったり「論理展開」と言ったりします。

	概念	具体的指摘
理由	事態が引き起こされた根本原因	農耕社会成立の時期が違っている
説明	根本原因が、どのように作用して、事態を生み出したか、のプロセス	栽培可能な作物、家畜化可能な動物が多かったのはユーラシア ← ……… ← 他地域を支配・収奪し、家畜由来の病気も広め人口を減少させた

１０７頁の図なら、第二行目と三行目の「農耕には栽培作物が必要だが、栽培可能な作物、家畜化可能な大型動物が圧倒的に多かったのはユーラシア大陸である」から、１０８頁「富・技術がユーラシア（とくにヨーロッパ）中心に分配された」までが、そのプロセスです。つまり、**説明とは、根本原因から現状までどうやってつなげるか、その連鎖のあり方をいう**ことになります。この連鎖を、文章でまとめると以下のようになりそうです。

現代において、富・技術が地域ごとに不平等に分配されているのは、各地域で農耕社会成立の時期が違ったからである。**そもそも**、農耕には栽培作物と家畜が必要だが、栽培可能な作物、家畜化可能な大型動物が圧倒的に多かったのはユーラシア大陸である。**だから**、最初の農耕文明と家畜飼育はユーラシアで起こったのだ。
そのため、ユーラシアでは人口が急増して、都市文明が起こり、それに付随して金属器などの技術も発達した。**とくに**、この大陸は東西に長いので、同じような栽培作物が同じ緯度を介して拡がり、農耕・金属器・家畜飼育も急速に広まった。**それに対して**、オーストラリアは小さすぎるし、アフリカ・アメリカは南北に長いので、ある地域の作物が、そのまま他の地域では栽培できず、文明や技術の伝搬が遅れた。
その結果、ユーラシア地域だけが、圧倒的な経済力と軍事力を発達させ、その地域の人々は他地域にも進出して支配・収奪する力を持った。同時に、他地域に、家畜に由来する人畜共通の感染症も広めたため、免疫を持たなかった他地域の人口は急速に減少した。**こうして**、ユーラシアの人々、とくにヨーロッパ人は世界の各地に進出したので、富も技術もヨーロッパ人中心に分配される現在の秩序ができあがったのである。

「農耕社会の成立」という前提が、どんどん言い換えられていって、結局、最初に置かれた結論「農耕社会成立の時期の違いが原因だ」に回帰するさまがよく分かります。しかも、それらの間が接続詞で細かくつながれて、一つながりの文章になっています。こういう形にまとめると『銃・病原菌・鉄』に何が書いてあるか、クリアに理解できるわけです。

前述のように、「ややこしい本」は、**問題→解決→根拠**という順序になっていて、ある問題に答えが与えられて、それがどうして「正しい」と言えるのか、根拠を挙げて示していく仕組みになっているのですが、根拠のところを細かく見ると、最初のあり方から次の結果が生じ、その結果に別の要素が絡み、新しい結果を生み、さらにそれが進行して、どんどん増大するとともに加速し、結果に向かって爆走する、というドミノ倒しのようになっています。その仕組みをきちんと早くたどれる能力が、「ややこしい本」を読むためには絶対に必要になってくるわけです。

接続詞がすべてをつなぐ

同時に、それらの結びつきがどのようになっているかは、接続詞で表されます。以前別の本で書いたことなので繰り返しませんが、接続詞をきちんと理解しないと、これらの関係がグチャグチャになります。この要約でも「そもそも」と根本原因が示され、「だから」と論理的必然につながっていきます。「その結果」で、今までのプロセスが現れ、その中で注目すべき要素が「とくに」で示されます。その要素が結果にどう働きかけたか、は「そのため」で表され、「こうして」で今まで述べたことの帰結が示されて、言いたい主張につながれます。

そもそも	根本原因
↓	
だから	論理的必然
↓	
その結果	プロセスの結末
↓	
そのため	結果への働きかけ
↓	
とくに	注目すべき要素
↓	
こうして	帰結

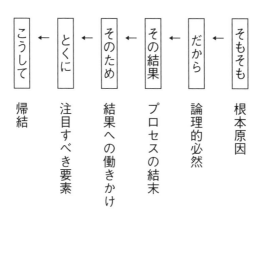

つまり、接続詞が手がかりになって、論理構造が明確になるのです。文章を読み書きする力の弱い人は、文章を書かせると「そして」と「また」という添加の接続詞しか使えないことが多いようです。これは、読むときでもものごとを論理的につなげず、一つの事柄に他の事柄が時間的に連なるように理解しているせいでしょう。論理的なしくみを読み取るには、自覚的につながりをたどることが必要になるのです。

この項でのポイント

- 言い換えの構造を確実にたどる
- 論理のドミノ倒し構造を把握する
- 論理構造は接続詞で表せる

❺証拠を出す――現実としっかり結びつくための材料

理屈が現実と対応しているか

以上述べたような「説明」あるいは「言い換え」は、「風が吹けば桶屋が儲かる」と同じ構造をしています。つまり「風が吹けば、埃が舞い上がる。すると埃が目に入って、目の病気になる人が増える。だから、盲目の人も増える。盲人は三味線で生計を立てようとするので、三味線弾きが増える。三味線弾きが増えると三味線が売れる。三味線には、猫の皮が使われる。猫が捉えられて三味線に加工されるので、猫の数が減る。猫が減るとネズミが増える。ネズミが増えると桶をかじる。桶の修理依頼が増えて、桶屋が儲かる」。「風が吹く」という最初の事態を、次々に言い換えていくことで「桶屋が儲かる」までつなげていくのです。

しかし、「風が吹けば桶屋が儲かる」は、通常「一見もっともらしいが、実は信用ならない言い草」の意味で用いられます。では、前章で述べた論理、つまり「説明」「言い換え」の連鎖も信用ならないのでしょうか？　実はそうなのです。

前章のドーピングの話題では、Bが「個人の責任だ」と言い換えを使ってドーピングを肯定したのに対して、Aは「そう簡単には言えないよ」と言って、Bの議論が現実では成り立たない。だから疑わしい、と批判していました。つまり、Bの言うことは、理屈が合っているようだけど、「判断力ある大人の決定」ではない場合を無視しているので信用できない、と言うのです。つまり、理にかなっているように見えても、それだけでは、必ずしも内容の正しさ・妥当性は保証できないのです。

これは、論理や言い換えの「抽象化」作用と関係します。たとえば「自己責任」の場合は、個人に明確な意志があることが前提とされています。しかし、現実には、人間にはいつも明確な意志があるとは限りません。とくに、子どもなどの意志はあやふやで、たとえ明確でも、まだ判断力が不十分だと考えられます。とすると「個人がやりたくてやった」という理屈は抽象的すぎて危うくなります。

「風が吹けば桶屋が儲かる」だったら、埃が舞い上がるくらいで、はたして目の病気から盲目になる人が目立って増えるのか、ゴミが入ったら目から涙が出て洗い流すぐらいで済むのでは、という疑問も湧いてきます。つまり、抽象的な論理やその言い換えを現実にそのまま適用することには問題があり、理屈がちゃんと現実と対応しているかどうか、いちいち確認しなければならないのです。

エビデンスから事実に迫る

そこで「ややこしい本」では、「風が吹けば桶屋が儲かる」と違って、著者の出したい結論に対して、**証拠**（エビデンス）**を提出**します。理屈が現実と対応していることを示すことで、理屈と事実の両方から現実と結びつくことを表そうとするわけです。エビデンスとは、例やデータのことです。「風が吹けば桶屋が儲かる」も、理屈は合っているようでも、現実には、そういう出来事はほとんど起こりません。だから間違っているのです。

でも「北京で蝶が羽ばたくと、ニューヨークでハリケーンが起こる」はどうでしょうか？こちらは「バタフライ効果」と呼ばれます。通常なら無視できる範囲の出来事が、やがて巨大な結果を生み出すことを意味するのですが、「風が吹けば桶屋が儲かる」のようにバカにはされず、カオス理論では、その可能性が真面目に議論されています。なぜ、片方は「バカバカしい」と言われ、他方は「あり得るかもしれない」となるのか？　このギャップをつなぐのが証拠（エビデンス）です。多少なりとも証拠があれば、理屈のうえでの仮想を本当にあり得ることだと示すことができるのです。

信頼できる ＝ 理屈を立てる ＋ 証拠を出す

証拠と加工のせめぎ合い

もちろん証拠といっても、生のままの現実をそのまま出すことはできません。文章で現実を表すには、何らかの加工やプロセスを経なければなりません。どんな加工やプロセスを採用するかで、それぞれにバイアスがかかるので、完全に客観的とは言えません。

証拠の出し方は、実験・調査・観察・例示・引用など、いくつかのタイプに分けられます。まず実験では、周囲から影響を受けないような環境を用意し、その中である条件を揃えて「この状況でどうなるか？」と状態や行動の結果を測定します。そうすると、こういう条件の下で、ああいうことが起こった。これは外からの条件や影響がないから、他の所でも同じように再現できるはずだ、と言えます。ただ、実験ができる分野は限られます。何百人も関係してくるようなことを実験するのは、なかなか大変でしょう。

一方、質問紙などを使う「数的調査」は、多数を扱うのに向いています。結果も数字で出てくるので、明快で比較がしやすい。グラフ化すれば、傾向も直観的に分かる。質問紙では、「どう思いますか？」などという質問もできるので、外から見ただけでは分からないことでも、取り上げられます。しかし欠点もあります。よく統計の本で言われることですが、質問の作り方しだいで、回答の比率が変わってきます。たとえば、Yes か No かを聞いているのに「どち

コウノトリ	出生数
130	56000
142	56000
170	64000
180	67000
240	68500
248	72000
249	75000

コウノトリと赤ちゃんの出生数の相関

らとも言えない」の選択肢を入れると、その選択肢を選ぶ人が増えそうですね。あるいは、ある結果と他の結果を比べて相関関係を調べるときなど、本当は関係がないところに、関係があると読み取ってしまうことも出てきます。上の図は、出生数とコウノトリの生息数の関係を表した表ですが、きれいに相関関係（ピアソン相関係数＝０・９４２）が出ています。しかし、ここから「コウノトリが増えたから、運んでくる赤ちゃんの数も増えた」と考える人はまさかいないでしょう。

分野によってエビデンスも違う

観察を主にする分野もあります。たとえば、人類学や社会学などでは、他の条件から隔離して実験はできません。むしろ、著者がその場に入り込んで、どういうことが身のまわりで起こるか、細かく観察・記述することになります。これは「参与観察」と言います。ただ、この方法では観察する者が存在しているので、そのことが観察されている側に影響を及ぼす可能性があります。

たとえば、社会学者佐藤郁哉の『暴走族のエスノグラフィー――モードの叛乱と文化の呪縛』は、暴走族集団と行動をともにしながら、その考え方、行動の仕方をフィールドワークした調査の記録です。著者は、何度も現場に足を運んで、調査しては方法を変え、方法を変えては再調査するなど試行錯誤を繰り返したようで、臨場感に溢れた名報告なのですが、著者が見聞した範囲内でのことなので、どこまで暴走族「一般」の性格を表しているのか確認できません。それでも、暴走族の中に入って、彼らの行動様式を解明した、という点では貴重な記録なのです。

例示と引用もよく使われます。例示は、著者・筆者が経験した出来事などを記述することで、理屈で予想していたことが本当にあったと示すわけです。手軽な方法なので、よく使われます。ただ、これも参与観察と同じで、客観性・一般性の保証はありません。たとえば「日本人は親切だ」と、ある外国人が言っても、それは「たまたま、その外国人が出会った日本人が親切であったのでは?」と疑えます。一般的な意味を持つ典型例であってほしいのですが、さて、どうか?

それに対して、引用は、すでに紙や文字になっているものを、自分の説の補強として言及します。すでに加工されており、自分のやっているのはそれらを集めて載せるだけなので楽ですが、客観性や一般性については、やはり保証がありません。世間的に信用のある人だし、編集者など何人かのチェックが入っているので、たぶん正しいと言えるだけです。

エビデンスの効果は強力である

それでも、エビデンスの効果は強力です。何よりも、エビデンスは現実と直接結びついているイメージがあるからです。だから、理屈なんか出さなくても、エビデンスの力だけで読む人を納得させることもできます。たとえば、心理学では「人間はこんな行動をする」ということを、実験で明らかにします。しかし、なぜ、そういう心理になるか、については理屈づけしないことも多い。それでも「こういうものなんだ」と実験で明らかにすると、それだけで読者は納得させられます。

エビデンスの威力 ＝ 現実と直接結びつくイメージ

たとえば、有名な「ミルグラム実験」では「権威から許されれば、人間は止めどなく残酷になる」ことが示された、と言われています。ある俳優が別室にある椅子に座り「犠牲者」の役を演じ、こちらの室内ではもう一人の俳優が研究者になって、集められた被験者に「犠牲者」

に電気ショックを与えるよう求めます。最初は、ためらっていた被験者たちも仕方なく電気ショックを与えるようになる。苦しむ姿は演技ですが、被験者は知りません。しだいに、より強い電気ショックを指示されるのですが、被験者はだんだん疑問を持たなくなり、ショックを与え続けます。最終的には、被験者の3分の2が、「犠牲者」が止めてくれと哀願しても電流を流し続け、さらに無反応になってもショックを与え続けたとか。

人間性の残酷さを垣間見せる怖ろしい実験ですが、なぜ、被験者たちがこんな行動を取るのかはとくに説明されておらず、「人間は残酷な面を持っている」ことがデータとして示されています。つまり理屈抜きで、事実だけで「人間とはこういうものだ」と示すわけです。

理屈と証拠の二段構えにする

ただ、心理学以外の分野では、まず理屈でもって仮説が示され、その正しさを実験や観察で確かめる、という二段構えになっていることが多いようです。そうすれば、理屈で考えられることが現実でも存在する、と示せます。理屈は合っているし、現実にもそういうことがあるから、自分の言っていることは正しい、少なくともトンデモな説ではない、と主張できます。「実験」「調査」以外では、いくつかのタイプの証拠を合わせ技のように使用して信頼性を上げます。データに示す一方で、他の権威ある学者の論文を引いて自説をバック・アップする手法などはよく使われます。

たとえば、先述した『プロテスタンティズムの倫理と資本主義の精神』では、冒頭に、資本主義の「精神」とは何か、が説明されているのですが、その例として、アメリカの政治家・科学者のベンジャミン・フランクリンの引用をしています。

> 時間は貨幣だということを忘れて**はいけない**。一日の労働で10シリング儲けられるのに、外出したり、室内で怠けていて半日を過ごすとなれば、娯楽や懶惰のためにはたとえ六ペンスしか支払っていないとしても、それを勘定に入れるだけで**はいけない**。ほんとうは、そのほかに五シリングの貨幣を支払っているか、むしろ捨てているのだ。
> 信用は貨幣だということを忘れて**はいけない**。だれかが、支払い期日が過ぎてからもその貨幣を私の手もとに残しておくとすれば、私はその貨幣の利息を、あるいはその期間中にそれでできるものを彼から与えられたことになる。もし大きい信用を十分に利用したとすれば、それは少なからぬ額に達するだろう。
>
> （『プロテスタンティズムの倫理と資本主義の精神』岩波文庫　太字筆者）

このような「ケチケチ精神」の見本みたいなお説教について、著者マックス・ヴェーバーは、次のように解説します。

> われわれがこの「吝嗇《りんしょく》の哲学」に接してその顕著な特徴だと感じるものは、信用のできる立派な人という理想、とりわけ、自分の資本を増加させることを自己目的と考えるのが各人の義務だという思想だ。実際この説教の内容は単に処世の技術などではなくて、独自な「倫理」であり、これに違反することは愚鈍というだけでなく、一種の義務忘却だとされている。しかも、このことが何にもまして、ことがらの本質をなしている。……そこには一種のエートスが（Ethos）が表明されている。（前掲書）

ここでは「エートス」という見慣れない言葉が出てきます。「エートス」は、もともとギリシア語で「慣れた場所」を意味し、そこから「習慣」「傾向」「性格」となりました。特徴的なのは、ベンジャミン・フランクリンはお金の話をしているのに「これだけ儲かった」などとウハウハせず、「……してはいけない」という禁止が連続することです。それをマックス・ヴェーバーは「義務」や「倫理」と規定します。マックス・ヴェーバーは、この一語から『プロテスタンティズムの倫理と資本主義の精神』の全体を導き出している、と言っても過言ではないかもしれません。

例示には意味づけが不可欠

引用や例示には、必ずといっていいほど、著者による意味づけがついています。現実にある出来事は、たいてい多面性が認められ、その意味は一つではありません。ここの引用にしても、単なる「Yankee のケチンボぶり」、つまり「処世の技術」という見方もできなくはありません。しかし、そうではなく「倫理」、つまり人間はどう生きるべきかという考えであるとマックス・ヴェーバーは解釈し、その資本主義の根本にある「倫理」を探究するのが、この本だ、と宣言しているのです。

こういうふうに、例示は、著者の意味づけによって見えてくる側面がいろいろ変わります。だから、例示を読むときは、勝手にイメージを膨らませないで、まず著者が焦点を当てている意味から理解しなければなりません。そのためには、難しい／長い例示のときは、読む前にその前後を見て、意味づけをしているところを探しておく必要があるでしょう。

例示の意味づけ　＝　著者の意味づけが重要

論と例は一致している

これで分かるように、**例示やデータは筆者の言いたい内容を具体的に表したもの**で、ただのイメージや数字の羅列ではありません。だから、言いたい内容に合うように取捨選択されたり、一部だけが切り取られたりします。もちろん、全体を歪める切り取り方はダメですが、「歪めるな」という教えがあること自体、歪められる場合があることも意味しています。それどころか、人文学などでは、今まで気づかれなかった箇所に新しい意味を見出す行為が解釈の本質なので、多かれ少なかれ「歪み」は出てくるでしょう。そもそも「歪んでいない」状態を想定はできず、光線の当て方に従って新たな姿が浮かび上がる、というものなのかもしれません。

例示の意味づけは、もちろん、先に述べた論理のつながり＝説明・言い換えの一部になっています。だから、例の内容は論理のつながりと一対一に対応していなければいけません。例にあることは論の中に抽象的な形でまとめられ、逆に、論の中にあることは、例の中で具体的に表されねばなりません。これを「論と例の一対一対応」と言います。

一対一対応

例示・データ	⇕	論理のつながり

言い回しやたとえにだまされない

どんな例示・データであっても、この原則は守られます。たとえ、言い回しや表現が変化しても、例がいくつ挙げられていても、言い表している本質的な内容はまったく同じです。だから、「ややこしい本」の特徴は、論と例という二つのまったく別なスタイルで、同じ内容を表しているいること、とも言えるのかもしれません。つまり、**言いたい内容が複数回にわたって「冗長に書かれてある」**のが基本なのです。このいささか突飛な表現は、実は私だけではなく、高名な科学哲学者大森荘蔵《しょうぞう》の主張でもあります。

言いたいこと ＝ 論と例の二つのスタイル
↓
ある意味で冗長

「冗長」とは、繰り返しが多くて必要最小限の長さになっていないことです。根拠の部分で論理と例示・データの二つのルートで同じ内容を繰り返すのなら、「ややこしい本」は当然冗長ということになります。手を替え、品を替え、同じ内容を述べているので、その繰り返しが「うざったい」と思う人もいるだろうし、丁寧だと感じる人もいるでしょうが、おかげで読むときも手が抜けるし、積極的に抜いていいのです。

分からなくてもとりあえず読み進む

さらに言えば、たとえ読んでいて議論が難しすぎて分からなくなっても、その先を読めば、だいたい具体例が書いてあるので、それを手がかりに前の論理を推測して理解できることになります。論理だけで分かるなら、わざわざ具体例やデータを読む必要はありません。著者としても、それを前提にして抽象的な論理の後には理解をたやすくするための例示・データを並べて、逆に例や引用の後は、その意味づけを書いておきます。だから、**「ややこしい本」は分からなくなったら、とりあえず先に読み進む**のがいいのです。必ずと言ってよいほど、後から振り返って分かるところがもう一度出てきます。冗長とは、無駄なようで、そういう気楽さがあるのです。

この項でのポイント

- 例示・データは理屈を具体化する
- 例示・データは理屈と同じ内容になっている
- 同じ根拠が別なスタイルで書いてある
- どちらかが理解できれば、全体を理解できる

第3部　読み返しつつ考える

❻ロジックを深める構造

以上述べた基本原理に従って読み進めても、「ややこしい本」の場合はなかなか十分な理解に至らないこともしばしばです。なぜか？　「ややこしい本」は読んで情報を得るだけではなく、そこで述べられたことに従って、自分も考えを拡げることが求められるからです。「ややこしい本を読む」方法を知ることは、言わば、語学において文法を学ぶようなものかもしれません。文法を学ぶのは、自分が話すときに、それを使ってより深く表現したり文章を読んだりするためです。読みっぱなしではなく、そこで得たものを、さまざまな形で応用しながら理解を深め、それを使って自分の考え方を変えていくのが目的です。そのためには、何度か読み返すことがおすすめなのです。

もちろん、読み返すときは、最初と同じように始めから終わりまで読み通す必要はありません。もう大雑把なしくみや構造は分かっているのですから、読まなくてもいいところも多いでしょう。再読の場合も、ところどころ読み飛ばして問題はないし、そうでなければ自分なりの読み方にはなりません。

読み終わる → 応用する → 自己の思考を深める

映画を、あまり時間を置かないで二度見たことがあるでしょうか？　二度見すると、映画の時間感覚は明らかに変わってきます。ストーリーは分かっているのでものごとがサクサク進み、あれよあれよという間に終わりになる。反面、初めに「面白い」と思ったところが、こけおどしに思えたり退屈だと思ったところに「あ、こんな工夫があったのか」と感心したり、「こうやって怖がらせたのか？」と技術的な工夫にも目が行く。関心の向く場所が変わってくるのです。

距離を取って全体構造を見極める

実は、これこそ「ややこしい本」が本来要求する読み方です。受け身で「面白い」とか「面白くない」と消費するだけではなく、「面白い」なら「なぜ面白いのか？」と一歩進めて深く感じ、「面白くない」ならどこがどう問題なのか考える。ただハラハラドキドキするより、冷静になって本からちょっと距離を置いてしくみを眺める必要があるのです。

のめり込むと、どうしても視野が狭くなります。「惚れてしまえば、あばたもえくぼ」というように、対象にのめり込みすぎると実像は見えない。ほどよく距離を置いて、絵を鑑賞するようなつもりで見ればいいのです。そうすれば、線や色、構成などがよく見えてくる。同様に、

「ややこしい本」も少し引いてみないと、全体の構造が見えてきません。文芸批評家小林秀雄によれば、フランスの詩人ボードレールは、画家ドラクロアの絵について次のように述べているとか。

> ドラクロアの絵を遠くから見てみるといい。何を描いているのか解らぬくらい離れて絵を見てみ給え。忽ちドラクロアの色彩の魔術というものが諸君の眼に明らかになるだろう。この場合諸君の眼に映じた純粋な色彩の魅力は、絵の主題の面白さとは全くその源泉を異《こと》にしたものであって、絵に近寄って見て、絵の主題が了解出来ても、主題はこの色彩の魅力に何物も加えず、又、この魅力から何ものをも奪う事が出来ぬ、と諸君は感ずるであろう。この主題と無関係な色彩の調和こそ、画家の思想の精髄なのである。
>
> （『小林秀雄全作品22 近代絵画』新潮社）

ドラクロアは、一般的には歴史画などで有名なロマン主義画家と思われていますが、実は、その絵の魅力は、どんな歴史的事実が描かれているかというより、むしろ、その色彩の使われ方なのだ、というわけです。理解の仕方についての示唆に富む意見と言えましょう。次頁の絵は彼の有名な『民衆を導く自由の女神』です。

何をどのように言っているか、能動的に分析する

文章でも同じことです。小説だって二度目に読むときは、ストーリーよりも、むしろ、キャラクター、プロットの妙、情景描写の工夫などに目が行きます。『源氏物語』だって、何回も読むうちに「私も夕顔のようになりたい！」という子どもっぽい願望は背景に退き、「キャラクター」の比較や「ストーリー」の構成など、「分析的な読書」に傾きます。「ややこしい本」の場合は、さらに、その傾向が強まる。「何を言っているか?」だけでなく、「どのように言っているか?」に興味が移ってくるわけです。この先どうなるか、とハラハラドキドキしていては、こういう「分析的な読書」はできません。

もし読んでいるところが理由や説明の部分だったら、展開がうまくいっているか、定義に曖昧なところはないか、論理がどこかで飛躍していないか、場合分けが不足していないか、もっと分かりやすい展開はないか、

など、あえて問いを投げかけてみる。あるいは、証拠の部分だったら、このデータは信用できるのか、この調査方法は正しいか、グラフや数字はちゃんと引用されているか、その解釈は妥当か、などを検証していきます。焦点の当て方は人によって違うでしょうが、こういう読み方を要求するのは「ややこしい本」の特徴なのです。

では、具体的な例文（今井むつみ『ことばと思考』岩波新書より）で練習してみましょう。ここでは、今まで解説してきた道具立てである「問題」「問題の意義」「まとめ」「引用」などを、文章を読むためのガイドとして示しています。これをたよりにしつつ、まず一度ざっと読んでみて、自分なりに問題と解決の構造を考えてみましょう。そのうえで解説部分を読んで、自分の考えと解説がどう違うのか、あるいは同じなのか、確認してみてください。

❶ 英語は数えられるモノと数えられない物質の名前を文法的に区別するので、可算名詞と不可算名詞は表現の上で区別される。それに対し、日本語はその区別をしない。（中略）では、日本語と英語のその違いは、私たち日本語話者と英語話者の世界の見方になんらかの影響を与えているのだろうか。**問題**

❷ 実は可算名詞、不可算名詞の区別というのは、概念的には、私たちが思っている以上に大切な区別なのである。なぜかというと、ある存在に対して「同じなのは何か」

という問題に直接かかわってくるからである。**問題の意義** 私たちはあるコップ、例えば陶器のコップと、別の、アルミでできたコップを「同じ種類のモノ」と考える。二つはともにコップであるからである。では、一つ目の陶器のコップの取っ手は、そのコップと同じものか。そうは考えない。取っ手はコップそのものではないからである。**例示1**

❸ 今度はバターについて考えてみよう。目の前に、箱から出したばかりの四角いバターがある。このバターの隅をちょっと切り取ってみよう。その切り取ったバターのかけらは、もとのバターと同じものか。同じものである。**例示2**

❹ コップの場合には、ひとつのコップの全体が「同じ種類のモノ」を判断するベースとなる。コップの取っ手とコップ全体は「同じ種類のモノ」とはなりえない。かたやバターは、そもそも「バター全体」というものが存在しない。箱や缶で売られているバターは、バターという物質の、ある量の塊でしかなく、その一部もまた、バターなのである。**例示と対比**

❺ このようにコップのようなモノと、バターのような物質は、「同じ」という概念自体が異なる。つまり両者は、根本的に性質の異なる存在なのである。これを哲学では「存在論」的区別と呼ぶ。**まとめ** アメリカのクワインという哲学者は、この存在論的

区別は英語のように可算名詞・不可算名詞を区別することによってのみ、意味をなす区別であり、子どもは名詞の可算・不可算の区別をする文法を習得することによって、この概念を理解できるようになる、と考えた。**引用**

❻しかし、そうすると、このような疑問が生じてくる。日本語のように、可算名詞・不可算名詞を区別しない言語では、モノと物質の本質的な違いを理解できないのだろうか。日本語では、すべての名詞が、数える単位を自分で持たない、英語でいうところの不可算名詞にあたるとしたら、日本語話者は、世界に存在するすべてを「物質の塊」と見るのだろうか。**疑問1とその言い換え**

まず話題・問題を確認する

第❶段落を読めば、「英語は……日本語は……日本語と英語の……日本語話者と英語話者の……」としつこいほど「英語」「日本語」と繰り返されているので、**話題**は英語・日本語の違いだとすぐ分かります。とくに「可算名詞と不可算名詞の区別」が焦点になっています。英語では、これは「aをつけるべきか？ theをつけるべきか？」と並んで悩まされるポイントでしょうね。「なぜ、日本語には出てこない区別を英語ではしなければならないのか？」と理不尽な思いに駆られた人も少なくないかもしれません。
そういう学習時のトラウマを思い出して、あらためて文章を見てみると、何だか七面倒くさい文章がちょっと興味深くも見えてきます。もしかすると、この文章は英語学習に対する積年の恨みを多少なりとも晴らしてくれるのではないか？　こんなふうに、読み進める力を得るためには、自分の体験に引きつけつつ読むのが大事です。

話題と問題の理解 → 自分の体験に引きつける → 実感を持って理解する

普遍的問題と個人的感想を結びつける

そこで、その感じを保持したまま、「日本語と英語の可算／不可算名詞の扱いの違い」にまつわる**問題**つまり疑問・対立・矛盾などを探してみましょう。すると、「その違いは、私たち日本語話者と英語話者の世界の見方に何らかの影響を与えているのだろうか（？）」という疑問文が見つかります。言い換えれば「可算／不可算名詞を区別しない日本語と、区別する英語は、それぞれの言語を使う人の世界の見方にどのように違った影響を与えているのか？」これが「問題」で、ここから、この文章のすべての内容が始まるわけです。この「世界の見方」という大仰な表現に注目しましょう。これも読者にテンションを感じさせる一つの方法です。日常でよくありそうな出来事を取り上げて、その重大さを強調します。これは、前にも触れた「問題の大切さの強調」の一方法です。

日常の出来事に注目 ＋ 重大な言葉で形容 → 問題の意義の強調

たしかに同じ人間なのに、日本人とアメリカ人で「世界の見方」が変わったら、コミュニケーション・ギャップなどで大変なことになりそうです。たとえば、同じ光景を見ているはずなのに、英語を使う人に見えるあり方が、日本語を使う人に見えるあり方とまったく違っているとしたら？　同じ光景の受け取り方や意味がまったく違うことになりそうです。

実際、かつて似たような主張がなされたことがありました。たとえば「サピア＝ウォーフの仮説」では、北極に住むイヌイットの言語には「雪」とか「白」を表す語彙が、他の言語より圧倒的に多いという現象に注目して（後に否定されたようですが）、彼らの間では「雪」や「白」が、他民族には見られないくらい細かく区別されている、と主張されました。とすれば、イヌイットの認識する「雪」の認識は他の人々に理解できない、ということになります。これを一般化すれば、言語を異にする人々が互いに理解し合うことは不可能ということにもなりかねません。けっこう困ったことですね。

専門用語に怖じ気づかない

この困った事態を、筆者は第❺段落で「存在論」という哲学の専門用語を使って説明します。「存在」とは「……である」というあり方を意味し、一見難しそうですが、意味は文中で説明されています。専門用語を使うときには、その平易な言い換えが出てくる場合が多いので、心配いりません。「存在論」とは、平たく言えば「あるものと別なものは同じか同じでないか？同じだとすれば、どういう意味で同じなのか？」という議論のことです。

我々の世界は、そもそも、すべて「同じもの」と「同じでないもの」を区別するところから始まっています。「ミカンを三つ持ってきて」と言われたら、リンゴを持っていってはいけません。ミカンとリンゴは違う「存在」とされているからです。だから、小学校一年生の算数の本はミカンとリンゴの混ざっている絵を出して、「この中にミカンはいくつありますか？」と聞くところから始まるわけです。

不思議さから仮説を提示

ところが、この話はそれでは済みません。第❷段落にあるように「コップを持ってきて」と言われて「壊れたコップの取っ手」を持っていったら、どうでしょう？　いくつ持っていっても取っ手だけでコップ全体にならず「これはコップではない」と言われるだけです。

でも、「バターを持ってきて」と言われて「バターの一かけ」を切って持っていったら文句は言われません（第❸段落）。全体の一部であることは同じなのに、前者は「同じでない存在」とみなされ、後者は「同じ存在」とされる。よくよく考えてみれば不思議な話です。これが第❺段落で言われる「存在論」的な違いです。筆者は、この区別について「英語のように可算名詞・不可算名詞を区別することによってのみ、意味をなす区別であり……可算・不可算の区別をする文法を習得することによって……理解できる」というアメリカの有名な哲学者クワインの説を引用します。

しかし、この解釈を文字通り受け取ると、とんでもない難問が生じます。「そうすると……日本語のように、可算名詞・不可算名詞を区別しない言語では、（数えられる）モノと（数えられない）物質の本質的な違いを理解できないのだろうか？」と（第❻段落）。まさか、そんなことはないでしょう。いくら日本人だって、「コップを持ってきて」と言われて、「壊れたコップの取っ手」を持っていく人はいないはずです。つまり、このクワインの説明は一見分かりやすいけれど、現実的にはありそうにない主張なわけです。

専門用語で問題を明確化 → 仮説の提示 → どこかおかしな結果

背後の対立状況を考える

では、どう考えたらいいのか？　問題には、疑問以外に対立や矛盾の形がある、と前に言いました。そこでハッキリさせるために、クワイン説を対立する主張と比較してみましょう。つまり、認識や思考は言語から独立しており、どんな言語の話者であるかに関係しない。認識・思考と言語は互いに独立で、ある言語で考えられる概念は、別な言語からも問題なくアクセスできる、と考えるわけです。これを仮に思考の言語独立主義とでも名づけましょうか？　つまり、以下のように対立した見方が背後にあるのです。

クワイン		対立した見方
思考は個々の言語に依存する	⇔	思考は普遍的で言語から独立している

では、もしクワインの説が間違っているとしたら、「人間の思考は普遍的であり、特定の言語からは独立している」とすべきでしょうか？　しかし、これも極端すぎる感じがします。そもそも、思考が言語から独立して普遍的なら、なぜ、我々は英語を学ぶのにあれほど苦労するのでしょうか？　言語から独立した普遍的パターンを学びさえすれば、それに個々の言語を当てはめて、各々の言語を簡単に習得できるはずです。

そういえば、私も小学一年で、初めてこの世に「英語」というものがあると知ったとき「英語では『あいうえお』の『あ』は何て言うの？」と親に聞いたことがありました。すると「英語でも『あ』は『あ』だよ」と言われました。「それなら、英語と日本語は同じ言葉なんだね！」と私は言いました。親はきっと困ったでしょう。

解決の方向を探る

では、真実はどこにあるのか？　これらの説が両方とも極端すぎるとしたら、もっと中間的な説があるのか？　それとも、全然違った発想があるのか？　たとえば前者なら、論理は言語によって違いはなく普遍的であるが、ニュアンスや含意などについては、言語ごとに大きな違いがある、など。言語が認識・思考に影響を及ぼすにしても、どこにどのようにどの程度の違いが出てくるのか、さまざまに考えられそうです。ここまで、筆者の問題意識を理解したところで、次の解決の段階に進みましょう。

❼　このような疑問がわいたとき、その答えを知るためには次のような実験をすればよい。筆者は、日本語話者と英語話者に、あるモノ（例えば陶製のレモン絞り）を見せた。次に、それと別の物質でできた、同じ形のモノ（木のレモン絞り）と、最初のモ

ノと同じ物質のかけら（陶器のかけら）を見せた。どちらが最初のモノと「同じもの」なのかを実験に参加してくれた日本人とアメリカ人に尋ねた。**実験1‐1**

❽別の時には、物質をある形に形作ったもの（例えば木くずを角張ったU字型に置いたもの）を見せ、次に、それと別の物質（皮を細かく切ったもの）を同じ形に置いたものと、同じ物質（木くず）の山を見せた。この場合も、どちらが最初のモノと「同じもの」なのかを実験参加者に尋ねた。**実験1‐1　続き**

❾どちらの場合も（陶製のレモン絞りも、U字型に置かれた木くずも）、二つの選択肢のどちらを選ぶことも可能である。片方は、形が同じで物質が違う。もう片方はその反対で、物質が同じで形が違う。しかし、存在論によれば、最初に示されたものによって、「同じ」の意味は異なるはずである。陶製のレモン絞りの場合には、物質が異なっても同じ形、機能を持つモノが「同じ種類のもの」とみなされる。U字型の木くずの場合には、物質が同じことが「同じ種類」を決め、どのような形に置かれたかは関係ない。もし可算・不可算の文法的な区別がモノと物質の本質的な違いの理解を可能にするのなら、英語話者であるアメリカ人はこのとおりに「同じもの」を選ぶだろう。他方、日本人は、レモン絞りのようなモノの場合にも、砂のような物質の場合にも、「同じもの」は物質が同じほうのはずだ。**実験1‐1　推論**

❿ 結果はどうだっただろうか。日本人も、アメリカ人と同様に、レモン絞りのようなモノの時には、物質が同じほうではなく、形が同じほうを選んだ。つまり、日本語話者がすべてのモノの「同じ」を物質の同一性で決める、ということはなかったのである。しかし、木くずのような物質に対して「同じもの」を選ぶ際に、英語話者と日本語話者の間で違いが見られた。日本語話者は、ほぼいつも物質が同じほうを選んだのだが、英語話者は物質が同じほうと、形が同じほうを、ほぼ半々に選んだのである。つまり、英語話者は日本語話者よりも形に強く注目をするようだ。**実験1-1 結果と確認**

⓫ レモン絞りのようなはっきりとした機能のためにつくられたモノ、U字型の木くずのように触れればすぐに形が崩れてしまうような物質のほかに、外見上でモノと物質の中間に位置する対象に対しても「同じもの」を判断してもらった。これらのモノは固くて、一部をつかんで持ち上げると全体がいっしょについてくるところはレモン絞りと同じで、木くずとは異なる。しかし、形に意味はなく、機能もわからない。例えば、そら豆のような形をした蠟《ろう》の塊や、ゆで卵の半分の形をした石膏の塊などである。これらのモノに対して「同じもの」は形が同じものか物質が同じかけらか、と尋ねると、英語話者と日本語話者で選んだものが異なった。英語話者はほとんどの場合、違う物

質でできた同じ形のモノを選んだが、日本語話者は同じ物質のほうを選ぶことが多かった。**実験1-2**

⓬これらの結果から何がいえるのだろうか。まず、日本語話者がモノと物質の本質的な違いを理解せず、世界に存在するすべての対象を物質として認識するというような極端な言語相対性はないといえる。日本語話者も、モノに対しては形と機能が同じモノ、物質に対しては、形は違っても同じ物質のかけら（あるいは一部）を「同じ種類のもの」と判断したからである。**結果1**

⓭しかし、日本語話者と英語話者の判断がまったく同じだったわけではない。木くずのような形がすぐ崩れてしまうような物質や、堅固なため、物質かモノかの判断が、見た目からはつかないような曖昧なモノに対して、日本人は物質に注目して、物質が同じものが「同じ種類」とみなす傾向が強かったが、アメリカ人は、形に対して日本人よりもずっと強い注目を見せたのである。**結果1　続き**

対立を解決するには、それぞれが自説を主張し合うだけでは埒があきません。そこで筆者は「実際には、どうなるか？」を実験・検証しようとするわけです。実験して、どんな傾向が見られるか確認すれば対立も自然に決着がつくはずです。そこで第❼段落から実験が始まります。

「実験」は、現実を単純化して再現した状況をこしらえて、その結果がどうなるか、と観察する方法です。ここでは、前章でも触れたように、他の条件を同じにした実験をしてみて、その結果を英語話者と日本語話者で比べようというのです。第❼～❾段落で実験の方法について細かく説明されていますが、ここは方法なので、一番大切な部分ではありません。だいたい分かったら、結果の方に急ぎましょう。すると、第❿段落から結果が書いてあります。

接続を手がかりに読み進む

第❿段落の真ん中に「しかし」があるので、この段落は前後二つに分かれることが分かります。しかも、「しかし」の前後にそれぞれ「つまり」があるので、言い換えが行われているのも明らかです。A～Dを文とすれば、こんなしくみですね。

> Aつまり B
> **しかし**
> Cつまり D

つまり、B「日本語話者がすべてのモノの「同じ」を物質の同一性で決める……ことはなかった」と、D「英語話者は日本語話者よりも形に強く注目をする」が主なる内容で、しかも「しかし」は後ろの内容が強いので、Dを理解すれば足ります。実験はまだ続き、第⓫段落では、補足的な実験も行われます。しかし、この実験の結果をくわしく見る必要はありません。最後の第⓬⓭段落で、今までの実験の総まとめがなされているからです。

第⓬段落	日本語話者がモノと物質の本質的な違いを理解せず、世界に存在するすべての対象を物質として認識するというような極端な言語相対性はない
第⓭段落	英語話者は日本語話者よりも形に強く注目をする傾向がある

仮説の否定から、さらなる問題へ

結局、クワインのような極端な「言語相対主義」は否定されて、「可算・不可算を区別しない日本語話者も、モノと物質の違いを（ちゃんと！）理解できる」ことが証明され、認識・思考はある程度普遍的であることが分かったわけです。でも、話は、それで終わりません。第⓭段落にあるように「英語話者は、日本語話者よりも形に注目をする傾向がある」ことも確認できるからです。つまり極端な「言語相対主義」は成り立たないけれど、それでも、英語話者と日本語話者との間には、何らかの傾向の違いがあるらしい。では、その違いはどんなものなのか？　その違いは英語と日本語の文法の違いから来ているのだろうか？　という新しい疑問が生じます。そこで筆者はさらに新しい「実験」を行います。その部分を読んでみましょう。

⑭日本人とアメリカ人の見せた、「同じもの」の判断での違いはどこから来るのだろうか。やはり、これは可算名詞・不可算名詞の文法的区別があるか無いかという、言語の違いから来ているのだろうか。**新しい疑問**

⑮この実験では、実は「同じ種類のもの」を決める、という課題だけではなく、実験で使ったのと同じモノや物質に対して、それぞれ実際には存在しない新奇なことばをつけ、そのことばがどちらの選択肢に使えるか、という課題も行った。例えばレモン絞りに対し、「あなたの知らない外国語では、これはフェップと呼ばれます。では、フェップはどちらですか」と聞く。名前というのは、名づけられた対象に対する認識を反映するはずである。実験に参加した人が、命名された対象を「モノ」だと認識し、さらにモノは物質の同一性ではなく、全体の形と機能性が「同じ種類」を決める、ということを理解していれば、その名前は同じ形を持つ別のモノに適用される。命名された対象を「物質」と認識し、物質にとって「同じ種類」とは、形は関係なくて物質

そのものの同一性である、ということを理解していれば、同じ物質のかけらや山に名前を適用するはずである。**実験2-1**

⑯日本語では、「これはXです」と言えばよい。英語の場合には注意が必要だ。英語では、そもそものことばが可算名詞なのか、不可算名詞なのかは、ことばがどのように言われるかで、だいたいわかる。例えば“This is a(n) X.”と言えばXは可算名詞、“This is (some) X.”と言えば不可算名詞である。ただ、this X, the Xという言い方だと可算名詞でも不可算名詞でも可能である。そこで、日本語と同じようにXが可算名詞なのか不可算名詞なのかわからないようにするため、アメリカ人に対して、“Look at this X.”という言い方で名付けをし、選択をしてもらうときには“Can you find the X?”と聞いた。**実験2-1　続き**

⑰日本人とアメリカ人が、形が同じ場合、および物質が同じ場合のどちらにおいて、教えられた新奇語で名付けるか。それに関する判断は、「同じものを選ぶ」課題でのそれぞれの言語グループでの選択と、ほぼ完全に一致していた。**実験2-1の結果**

⑱**さらに**アメリカ人に対して、新奇語を可算名詞あるいは不可算名詞として提示してみた。ある人には“This is a(n) X.”、別の人には“This is some X.”として名前を言ったのである。**実験2-2**

⑲　すると、はっきりと不可算名詞とわかるように名前を言った場合には、名前が可算か不可算かわからなかったときに比べ、物質が同じほうの選択がずっと多くなった。しかし、可算名詞とわかるように名前を言ったときは、可算か不可算かがわからなかったときと、選択のしかたがまったく変わらなかった。つまり、アメリカ人は、可算か不可算かわからないように言った名前を、可算名詞として受け取っていたのである。

実験2－2続き

⑳　英語では、名詞は必ず可算名詞か不可算名詞のどちらかである。可算か不可算かわからない名詞、というのは存在しない。実験の状況で、可算か不可算かわからないように新奇語を言っても、そのことばを聞いた人は、それが可算名詞なのか、不可算名詞なのか決めなければならない。このような判断を行うとき、英語話者はとりあえず、可算名詞だと受けとるようである。これは語彙全体の中で可算名詞のほうが不可算名詞よりも多く思いつきやすいということが原因なのかもしれない。**実験2－2の結果**

㉑　**いずれにせよ**、どの名詞についても、必ずそれが可算なのか、不可算なのかを、明らかにしなければならないという英語の性質が、初めて聞く名前の意味を考えるときに、形に注目するように英語話者にバイアスをかけるということがわかったのだ。

実験2　全体の結論

（今井むつみ『ことばと思考』岩波新書による）

この実験は第⑮～⑳段落にわたって書かれ、しかも、設定が「実験で使った……モノや物質に対して、それぞれ実際には存在しない新奇なことばをつける」という要素もあるので、やや複雑です。とはいえ、これも接続に注目すれば、理解するのに難しくはありません。

この実験は
さらに
いずれにせよ

「さらに」と付け加えがあるので、「実験」は二つに分けられますが、それぞれの実験方法を細かく理解する必要はありません。なぜなら、接続詞「いずれにせよ」は「いろいろあったけど、結局こうなる」と結論を急いで一件落着させる役目を果たすからです。その先を見れば「可算なのか、不可算なのかを、明らかにしなければならないという英語の性質が、初めて聞く名前の意味を考えるときに、形に注目するように英語話者にバイアスをかける」と言われています。つまり「英語の話者は、初めて聞く名前の意味を考えるとき、形の方に注目しやすい」のです。逆に言えば、日本語の話者には、そういう偏りがあまりなさそうです。結局、新しい実験1、2で明らかになったことをまとめれば、次のようになります。

問題	可算／不可算を区別しない日本語と区別する英語は、それぞれの話者の世界の見方にどんな影響を与えているのか?
最終解決	英語の話者は、初めて聞く名前の意味を考えるとき、形の方に注目しやすい。日本語の話者には、そういう偏りがない。

この解決は、最初の疑問にあった「日本語のように、可算名詞・不可算名詞を区別しない言語では、モノと物質の違いを理解できないのか?」と比べると、かなりマイルドな内容になっていますね。それぞれの言語の話者で、世界の見方は変わっているようなのだけど、それは「……しやすいか／そうでないか」という傾向の違いにとどまるので、「モノと物質の違いを理解できるか／できないか」という二者択一の対立ではない、ということなのです。

問題	実験	結果
可算・不可算を区別しない言語では、モノと物質の違いを理解できないのか？	1-1	日本語話者もモノと物質の違いを理解している
	1-2	日本語話者は物質に注目して「同じ」とみなすが、英語話者は形により強い注目を見せた
実験1での判断の違いは、可算・不可算という言語の文法的区別から来ているのか？	2-1	日本語話者と英語話者の反応は同じ
	2-2	英語話者は、可算・不可算がわからない場合、可算名詞として受け取る

全体のしくみを見通す

全体を三部分に分けて読み、その中の「実験」も二つに分かれているので、ちょっと煩雑な感じがしますが、説明についてこられたでしょうか？　「言語の違いが、その人の世界の見方に影響するのか？」というかなり大雑把な問題がしだいに精密化されて、次々に解決されていくダイナミズムが感じられたでしょうか？

最初の「言語は、それぞれの話者の世界の見方にどんな影響を与えているのか？」という疑問に対して、「存在論的区別」というより厳密な表現に言い換え、クワインの仮説を取り上げて「加算・不可算を文法で区別するから、（形ある）モノと（形のない）物質が区別できる」という主張に言い換えます。すると、当然、日本語のように「加算・不可算を区別しないなら、モノと物質の区別ができないのか？」という疑問も生じます。そこで、実験1を行って、クワインの仮説を検証します。結果は「加算・不可算を区別しない日本語話者でも、モノと物質の区別ができる」ので、クワインの主張は間違っていることが確認できます。ただ、日本人は物質に注目して「同じ」とみなすのに対して、アメリカ人は、形に対して強い注目を見せるという傾向が観察できます。

そこで、この傾向の違いが「言語の違いから来ているのか？」という問題を新たに立てて、それを解決しようと実験2を行います。つまり、大きな問題を解くために、仮説を立てて、それに対する疑問を示し、その疑問を解くために実験を重ねて、「英語話者は、可算・不可算が分からない場合、可算名詞として受け取る」という、より精密な結論を得るのです。

言語は、それぞれの言語話者の世界の見方にどんな影響を与えるか？

↓

クワインの仮説＝加算・不可算の文法を学ぶ＝形があるモノと形がない物質を区別できる

↓

疑問1

日本語は加算・不可算を区別しないので、モノと物質の区別ができないのか？

←　**実験1の結果**

日本語話者はモノと物質を区別する↓クワインの仮説は否定される
日本語話者は物質により注目する＋英語話者は形により注目する傾向が見られる

←　**疑問2**

傾向の違いは言語の違いから来ているのか？

←　**実験2の結果**

英語話者は、加算・不可算が分からないように言われる名前を考えるとき、形に注目しやすい

←　**結論**

英語話者は、初めて聞く名前を考えるとき、可算名詞として受け取るバイアスがかかる

より精密な問題化とより精密な解決

結局、最初の問題はザックリした内容だったので、まず、それをより精密に概念規定して考

えられる仮説を提示します。しかし、その仮説を突き詰めて考えると妙な結果になりそうなので、実験して確かめます。すると、より現実に近い結果の違いが出てきたので、さらに、その違いが「文法の区別」から来ているのかどうか、を確認しようと新たな実験が行われ、「文法の区別」がどれくらい「世界の見方」に影響しているか、より精密な結果が得られる。一読しただけで、このような構造をすぐ見て取るのは、まだ難しいかもしれません。しかし丁寧に検証すれば、問題と解決がどのようなしくみでつながり、どう発展していくのか、理解できます。こういう訓練を積み重ねれば、ほどなく時間も短縮できるでしょう。「ややこしい本」を読もうとする方は、このプロセスを速やかにたどれるように、いつも自分をウォーム・アップしておかなければならないのです。

この項でのポイント

- 読み返しながら、全体の構造を把握する
- 問題が大きい場合は最終解決をまず確認する
- 最終解決に至る前に仮説が立てられる
- 仮説に対する疑問を立てて小問題に分ける
- 小問題を一つずつ解決する中で解決はより精密になる

❼比較してテンションを探す

何が同じで何が違うか？

「ややこしい本」では、よく似ている内容なのに、後を読むと「これら二つの違いは……」などと書かれていて、「あれっ、同じだと思っていたけど違うのか？」と意外に思うことがしばしばあります。前章の例題で「同じものは何か」について「存在論的区別」という難しい言葉を使いましたが、何が同じで、何が違うのか、という同一性と相違の確認は、ものごとを理解する際の基本的判断と言えましょう。どこが同じでどこが違うのか、その区別がちゃんとつかないと、読んだ印象が混乱して、結局理解できなくなります。

前に「テンション」という話をしましたが、「ややこしい本」では、この**似ているようだけども本質的な点が違うという事態が、文章の推進力になる**と言ってよいでしょう。一見似ているのに違っている、逆に、一見して違うのに実は本質はそっくりだなどということがあれば、その「テンション」を何とか落ち着かせようと、文章が動き始めます。当然、読者の方でも、この「似ている」「違う」に敏感にならなければ、その文章が何を言いたいのか、把握することができません。

似ているのに違う ＋ 違うようなのに似ている → 文章を推進させる力

前章では、問題と解決の変化を、具体的な文章を元にして体験的に確認しましたが、ここでも同じ方法を取ってみましょう。以下の二つの文章は、同じ本の違うところから引用してきたものですが、「共通点」を挙げよ、という問題になっています。もちろん、「共通点」を挙げるためには、一見違っている点も確認した方がよさそうですね。次の問題を挙げるので、どういうふうに整理して理解すればいいのか、考えてみてください。

以下の文章は、一九九四年に公刊された『国家の未来』と題する論稿で示されたいくつかの未来国家像のうち、ふたつを抜粋したものです。これを読み、『未来国家Ⅰ』と『未来国家Ⅱ』に共通する考え方を簡潔にまとめた上で、それに対する擁護と批判の両方を展開しなさい。

問題文

未来国家Ⅰ

❶ ＳＦ小説の古典というと、ジョージ・オーウェルの『一九八四年』と、オルダス・

ハクスリーの『すばらしい新世界』が思い出されるが、両者ともに国家の未来という主題を扱っている。

❷前者が描き出したのは、各人の私生活から内面にまで及ぶ監視機構をもった未来国家で、各部屋には死角のないように設置された監視カメラと、権力側の宣伝を伝えるスクリーンが設置されている。各人はスクリーンから伝えられる偶像崇拝や敵への憎悪の宣伝に内面から反応せねばならず、表情から内面を読み取る技術が高度に発達したその国家では、外面だけで叫んだり手を振り上げたりしても、心からそう思っていないと、それが表情に表われて、弾圧の対象となるのである。

❸現代人にとってそのスクリーンに当るものはテレビであるが、監視カメラの方は、銀行やスーパーマーケットなどを除けば組織的には設置されていない。しかし我々の個人情報が様々なデータ・ベースに蓄積されて、密かに監視されていることは明らかで、子供の年齢に応じて、お雛様、振袖から予備校の勧誘まで、数十のパンフレットが舞い込む。我々多少とも政治色のある物書きは、もちろん各政治勢力・思想勢力や出版資本のブラックリストの中に登録されている。

❹問題は、表情読み取り技術による脅迫によって、人々が心からスターリンを崇拝し、トロツキーを憎むようになるのかどうかで、それだけではなかなか困難なように思わ

れる。『すばらしい新世界』の方は、その点について、睡眠中に枕の下からスローガンを囁《ささや》きかける「睡眠教育」という方法を考案している。先の例に当てはめれば、毎晩眠ると「スターリンは偉大だ、彼の言うことは何でも正しい。彼はやさしく厳しい貴方の父であり、兄弟だ」というようなスローガンが枕の下から聞こえてくるということであろう。

❺ 今世紀前半の知識人たちはこのような空想の未来を描いたが、世紀末の我々は、さらに進歩した技術を基礎とした未来像を描き得るであろう。すなわち、その未来国家では、国民が生れると、脳に、脳波探知機と送信装置と、それにショック装置を結合した小器具が脳に埋め込まれる。その脳波探知機は、脳波の形から言葉を読み取る能力をもち、それはそのまま中央のデータ・ベース〔統制中枢〕に伝えられ、記憶される。デパートで万引きしたくなったり、隣家の奥さんに不埒《ふらち》な妄想を抱いたりすると、ただちに電気ショックを受ける。専門家は〔統制中枢〕をCC（Control Center）とよぶが、国民向けにはFC（Friendship Center）とよばれ、脳に埋め込まれる器具はBWMD（Brain Wave Monitoring Device）とよぶが、国民向けにはTDO（The Dear One）とよんでいる。

❻ 幼時からこういうコントロールを受け続けると、人々は不埒な妄想などが起こる以

前に条件反射によって抑圧されるから、犯罪的意志などはまったく抱かないようになる。そうなれば刑法も警察も裁判所も刑務所も全然必要なくなり、アナキストが描いた無政府協和の楽園が現出するであろう。

❼ この社会の一つの問題は、「どういう思考、すなわちどういう脳波の形を電気ショックによって罰するか、どの程度の不埒な思考にどの程度のショックを科するか」にある。恋愛感情を何歳から許容するか、同性愛をどうするかなど、現代社会において刑法を立法するのと同じような問題が、この社会の人々の問題となるであろう。

❽ それ以上に問題なのは、誰が立法するかである。幼い頃からこの装置に支配されてきた人々に、立法に関する合理的な討論が可能であろうか。「不倫」などという言葉が脳の中に兆《きざ》した途端に思考が麻痺してしまうような人々には、それをどこまで許容するかなどという議論は、成立しようがないであろう。第一、討論がきわどいところにさしかかると、議員たちが一斉に電気ショックを受けるかも知れないのである。

❾ そこで、議員になった者には、ＴＤＯを取り外すということにしたらどうだろう。しかし、急に外したところで、幼時から深く植え込まれた精神構造が変わる訳ではないから、合理的討論の不可能な呪縛《じゅばく》された精神であることには違いがない。また不埒なことを思ってもショックがないことに慣れると、タブーを犯す喜びにうつつを抜か

す議員も出てきて、社会に危険をもたらすかも知れない。そうなると、将来の立法者用に、幼時からＴＤＯをつけない少数の人間を作っておく他ないということになるが、この人々の集団がこの社会の存立にとって最大の危険となるであろう。

⑩　このようなことを予見したこの国家の「建国の父」は、未来に新たな立法が全く不要となるような完璧なシステムを考案し、その維持をプログラムの自己運動に委ねた。この「建国の父」は、「最初の衝撃」を与えた後は世界に介入しない理神論の神のようなものである。それ以後の世界は、「人の支配でなく法の支配を」という法治国の理想そのままであり、そこでは人々は、外的強制なく、心の欲するところに従っても則《のり》を越えず、平和的に共存している。オーウェルは「ビッグ・ブラザー」は本当に存在するのか、誰も知らないというが、ＦＣは単なるプログラムのソフトウェアなのである。

⑪　この世界のおそらく唯一の問題は、ハードウェアのメインテナンスであり、機械のある場所にゴキブリが巣を作ったとか、鼠が電線を囓《かじ》ったとか、金属が錆びたとかいうことで、突如として大量の人間が精神に変調を来すことがあり得る。それを防止するためには、逸脱的思考をショックで罰するだけでなく、人々にメインテナンスを行なわせるような積極的プログラミングが必要になってくる。

未来国家Ⅱ

❶　情念や欲望を意識の世界で抑圧しても、欲求不満は意識下に蓄積され、やがて暴発するとは、フロイトの教えるところである。電気ショックの懲罰で抑え込まれたものについても、同様なことがいえるのではないか。（中略）電波によって脳を支配したとしても、人間性に深く根差した欲望を消去することができるものであろうか。それが不可能であるとすれば、外見上成立していた「理想国」は、人々の情念の非合理な暴発によって壊滅するのではないか。人々は脳にガンガン電気ショックを受けながらも、「ヤケのヤンパチ」とばかりに、FCのハードウェアを破壊する。それまで依拠してきた秩序保障機械は破壊されて、長い無秩序と混乱が支配するのではないか。それを避けるためには、もっと根源的な、深い人間性を変革しなければならない。遺伝子工学の発展がそれを可能にする。

❷　遺伝による人間性のコントロールということに、最初に着眼した思想家はプラトンであろう。彼はその構想した理想国において、婚姻制度を否定し、毎夜同衾する男女の組合せを籤《くじ》によって決定することとした。子が生れると、国家がそれを直ちに引き取り、親と切り離し、親子の識別を不可能にして養育する。しかもその籤をインチキ

籤にしておいて、心身の優れた男女が、いつも当るようにして、その間の子を大事に育て、劣った男女の子は国家の手で間引きする。

❸ 松尾由美氏の未来小説『バルーン・タウンの殺人』は、二〇一〇年代とおぼしき東京を舞台としている。女性が子を産まなくなったのに困惑した政府は、「人工子宮」を開発し、受胎するや否やそこで受精卵を預かる。十月十日《とつきとおか》経つと、母親たちはハンドバッグを下げて子を引き取りに行く。その間に政府は、欠陥ある受精卵を間引きする。中には自分の腹を痛めて子を産みたいと思う保守的な女性がおり、彼女らのために、妊婦ばかりの街バルーン・タウンが設けられている。そこで殺人事件が起こるが、妊婦の名探偵と妊婦の助手が現れ、愚かな男たちの誤った推理を尻目に、快刀乱麻の推理で事件を解決する。なぜか育児の国家化という思想は説かれていない。

❹ 遺伝子工学が発達すると、「未来国家I」（中略）が、後天的に、脳波をいじることによって達成しようとした人間性の改造を、生得的属性の変革という仕方で行なうことが可能となるであろう。まず仮にロンブローゾが描いたような「生来的犯罪人」なるものが存在するとすれば、そのような者は遺伝子の段階で日の目を見ないようにされるであろう。暴力的な人間や、ホッブズが平和の敵とした自尊心の強すぎる人間は、遺伝子の段階で除去され、「各人に彼のものを」とか「他人を傷つけるな」とかとい

う正義の規範を担う遺伝子が発見されて、それを促進するような培養政策がとられるであろう。

❺ 人間は狼から、闘犬やら番犬やらお座敷犬やら、様々な犬を創造してきた。各国が主権国家として独立したままで、別々にこの遺伝子政策を推進すると、シェパード的国家や狆《ちん》的国家など、多様な国家が成立するであろう。そうなれば、各国は闘争的な人間を作って、地球は闘犬の噛み合いのような世界となるであろう。それを避けるためには、十六・十七世紀のヨーロッパ人たちが帝国を破壊して創造した「主権国家体制」を克服して、人類の政治的再統合を実現しなければならない。

（長尾龍一『リヴァイアサン――近代国家の思想と歴史』講談社学術文庫
2012年慶應義塾大学法学部入試問題より）

全体を確認する

全体が二つのパートに分かれ、どちらも「未来国家」と名づけられています。名称が似ているだけでも紛らわしいのに、内容には「似ている点」と「違う点」がある、というのですから、さらにややこしいですね。

「未来国家Ⅰ」では、まず第❶〜❹段落で『一九八四年』『すばらしい新世界』というSF小説を取り上げて、そのシステムについて具体的に説明され、その発展として、第❺段落以降、脳に機械を埋め込んで、不埒な行動を起こさないようにコントロールするしくみが挙げられています。たしかに「幼時からこういうコントロールを受け続けると、人々は不埒な妄想などが起こる以前に条件反射によって抑圧されるから、犯罪的意志などはまったく抱かないようになる」でしょう。

ただ、問題も残っていて、「どういう思考を罰するか？」を考える人がいなくなるので、新たな立法が不要となるように「建国の父」が変更しなくて済むような完璧なプログラムを作っておいた、と言います。他方、「未来国家Ⅱ」では、「未来国家Ⅰ」の欠陥を改良すべく、第❹段落から、遺伝子工学を利用して、そもそも違法行為をするような人間が生まれないようなシステムを提案しています。やはり、文学作品やプラトンの対話篇を引用して、法を破りそうな遺伝子のある受精卵を除去し、法を守る遺伝子だけを持つ受精卵が培養されて、人間の誕生に至るわけです。

共通点はどこにあるか？

まず、それぞれを要約して共通点を探しましょう。未来国家Ⅰでは、個人個人の脳に電極を埋め込んで、個人の思考が、法律の枠を超えたときに電気ショックを与えて絶対に超えないようにしています。それに対して、未来国家Ⅱでは、遺伝子段階から介入し、そもそも犯罪者になりそうな受精卵が人間として生まれないようにします。それぞれの手段は違うのですが、法律を厳守させる目的は同じです。だから、問題の求める「共通する考え」は、「法律を守らせる」という目的・結果で、違うのは、その方法・手段ということになりそうです。これを文章にまとめると、次のようになりましょう。

> 未来国家Ⅰでは、脳に電極を埋め込んで、法律の枠を超えたときに電気ショックを与え、個々人の思考が法律の枠を絶対に外れないようにする。それに対して、未来国家Ⅱでは、人間が生まれる前の遺伝子段階で介入して、そもそも犯罪をしそうな遺伝子を持つ受精卵を生まれないようにする。いずれも、法律を厳守させるという目的では同じであろう。

抽象化と一般化に頭を使う

これで二つの「未来国家」の「同じ点」と「違う点」が明確になりました。手段は違えど目指す目的は同じなのです。このような抽象化が「ややこしい本」を読むときの必須の技法です。こんなふうに抽象化してみると、人間の自由や尊厳を傷つける「トンデモな考え」としか見えなかった「未来国家」に、法律を守らせようという案外「まともな」発想が含まれていることに気づきます。これは当然で、「トンデモな考え」も、そこに何らかの意味やメリットがあるからこそ発想されているからです。「マッド・サイエンティスト」だって、科学の流儀だけは守っているから「サイエンティスト」であることは同じです。ただ、その考えが偏りすぎて、倫理という別なルールを侵犯するから「マッド」と言われるわけです。ここの「未来国家」も同様で、「法律を守る」という一点が正当だから考える価値があるものとして取り上げられているのです。こういう本質は、細部にとらわれていると気がつきません。細かい違いを無視して、そこに共通するものを取り出さなければ見えてこないのです。

細部を抽象化する → 本質的な論点が見える

未来国家Ⅰでは、個々人は法律に反することを考えることができないので、犯罪ができなくなるし、未来国家Ⅱでは、犯罪をしようとする人間がそもそも生まれないので、やはり犯罪がなくなる。だから、両者とも法律は間違いなく守られる。犯罪が存在しなくなれば、社会の損害をなくせるはずです。これは大きなメリットなので、問題が次に求める「擁護する」側の根拠として使えそうです。

現代と対比して捉える

ただ、注目すべき点は他にもあります。なぜ、これらの文章がSF仕立てなのか？　SFの魅力は現実の制限を外して自由な発想ができる点でしょう。ここでも「技術的に可能かどうか？」をすっ飛ばすことで発想を飛躍させています。とすると、今の現実と比較・対比すれば、もっとその特徴がクッキリ分かるはずです。実際、現代国家では、犯罪が起こった場合「犯人を探して処罰する」が普通ですが、この方法は必ずしも効果があるわけではありません。たとえば、刑務所に入れても、犯罪傾向が進んだ人は矯正しにくい。むしろ「今度は捕まらないようにしよう」と刑期中にいろいろ工夫して、出所後に、さらに犯罪を重ねるかもしれません。

これに比べれば、未来国家ⅠⅡでは、犯罪が起こらないように事前に規制するのですから、犯罪抑止効果は万全です。とくに、犯罪が起こってから対処するのでは、最初の犯罪で起こった社会的損失は取り戻せません。たとえば、殺人事件では人の命が一つなくなります。そこで、国家が犯罪者を捕まえて、厳しく罰しようと死刑にすれば、命は合計で二つなくなります。事後的処置では、社会全体の損害はかえって大きくなりかねません。

対比・比較する → 特徴が明らかになる

それに、刑罰制度が不確実なら犯罪は起こり続けるから、それに対処するために警察とか裁判所とか刑務所などが必要になり、これにも相当なコストがかかるはずです。このコストを下げるには、犯罪自体が起こる前に対処して、そもそも犯罪が存在できないようにするのが一番でしょう。こう考えると、この未来国家にも利点があって擁護できそうだと分かりますね。

これを擁護する根拠は二つ考えられる。まず、犯罪や不法行為を未然に防ぐことで社会に損害を与えなくて済む。現在では、犯罪が行われた後に、その犯人を探し出して罰を与える。しかし、犯罪はすでに行われているので損害は取り戻せない。それどころか、処罰で損害が二重になる可能性もある。たとえば、殺人では、犯人を逮捕して死刑に処しても死者は二名になり、正義を貫いたら命の損失はかえって大きくなる。そもそも犯罪が起こらないようにできれば、このような損害は一切なくなるはずだ。

他方、法を破る行為が確実になくなるのも意義が大きい。なぜなら、事後の処罰は間接的で犯罪抑止効果も不明だからだ。実際、処罰で犯罪が減少する現象は観察されていない。それどころか、厳罰を科すとかえって犯罪が多くなる関係すら見られる。未来国家ⅠⅡの方式を取れば、犯罪行動や犯罪者自体が存在しないので抑止効果は抜群である。

難問にぶち当たって考えが深まる

意外なことに「未来国家」のメリットを挙げると、この「トンデモ」なアイディアを簡単に否定できないことが分かります。読んだ当初は「人間の自由と尊厳を危うくする」などという言葉で簡単に片付けられると思っていませんでしたか？　でも、そんな陳腐な言葉では、「未来国家」を否定できません。そもそも、社会では「法律を守る」べきとされているのだから、犯罪ができなくなるのはけっこうなことです。「法律を破る」自由とか尊厳などはないのだから、「未来国家」のアイディアは素晴らしいのではないか？

……まさか、そんなはずはありません。だから、問題でも「擁護と批判の両方を展開しなさい」と書いてあるのです。さて、どうすれば批判できるのでしょうか？　実は、こういう難問にぶち当たることこそ「ややこしい本」の醍醐味なのです。初めは「自由と尊厳」で否定したつもりになっていたけど、これだけ未来国家ⅠⅡのメリットが明らかになってみると、そんな曖昧な言葉・表現では、とても太刀打ちできない。考えを一段レベル・アップさせなければ、この「未来国家」が理想的国家になりかねない。さて、どうすればいいのか？　難問を突きつけられて、初めて我々の思考は深化させられるのです。

あえて難問に挑戦する → 思考は深化する

課題文にヒントを得た反論

まず、課題文に従った素直な反論を試みましょう。未来国家Iの文章にもあったように、この国家では「法」は変更不可能です。変更しなくてもいいように、あらゆる場合を考えて、「建国の父」が法律をすべて初めに決めておくのでした。でも、本当にそれでいいのでしょうか？　技術や科学の変化は、社会に新しい事態を必ず引き起こします。危険や安全の基準も変わってくる。殺人や傷害の基準はそれほど変わらないかもしれませんが、犯罪は、そういう明確な「悪」ばかりではない。技術・科学の発達度合いによって、前なら問題にならなかったようなことが問題になる。そのときに、法律が対応できなくていいのか？

たとえば、インターネットが発達したために、普通の人が簡単に発言できるようになりました。その結果、質の悪い主張もたくさん公共の場に出てきました。実際、特定の属性の持つ人々の悪口を言ったり、差別的な言葉を吐いたり。雑誌や新聞だったら「そんなバカな主張は表に出せない」とあらかじめチェックされていた表現が出てくる。こういう場合には、「表現の自由」という原則だけでやっていこうとすると、差別やデマがはびこるだけです。

逆に、自動車の自動運転が実現したら、居眠り運転や飲酒運転を犯罪にするのはおかしいでしょう。何の危険ももたらさないのに厳しく処罰しても意味はありません。もし、法律を改変しないなら、そういう新しい技術・科学が出てきても利用しないことになりそうです。しかし、それは新技術のもたらす利便性を諦めることになる。これはもっと不合理です。技術変化に対応できないのでは、社会の発展を阻害することになり、とうてい容認できません。

原則に立ち戻ると視野が広がる

しかし、さらに本質的な批判も可能です。法律は、そもそも何のためにあるのか？　それは、その社会に生きる人間が幸福に生きるためでしょう。近代イギリスの思想家ホッブズが言うように、自然状態・無法状態では、互いに相手を傷つけたり妨害し合ったりする。各自の権利や義務を定めておかないと、力の強い人間が力の弱い人間を虐げて、理不尽に得をする世の中になる。そういうことがないように「規則」や「法律」を作って、いろいろな立場の人間が、互いに無用な摩擦や対立、あるいは混乱に陥ったりせず、安心して楽しく暮らせる。これが「法律」の存在意義でしょう。

逆に言えば、法律の上には、本来目指すべき目的＝幸福があり、法律はそのための手段になっているわけです。しかしながら、未来国家ⅠⅡは、その幸福を実現しているようには思えません。人間が、他人からの干渉を受けずに、自分が良いと思ったことを実現できるのが「自由」でしょうし、他人に迷惑をかけない限り、それを妨げられないのが「個人の尊厳」でしょう。そもそも、自分にとって何が幸福と感じるのか、は他人には簡単に判断できないはずです。だとしたら、何が幸福かは、他人に危害を加えない限り、自分で決める必要があります。ところが、未来国家Ⅰでは、その自由が認められないどころか、自分の考えが国家によって制限されてしまう。これでは、自分なりの「幸福」な生活など実現できません。それどころか、未来国家Ⅱでは、人間の生存さえも政府によって左右される。つまり、これら「未来国家」では、各個人がそれぞれの幸福を追求して行動するという根本の条件が満たされず、幸福追求を実現する手段であった「法律」の方が優先されているのです。

本質に戻って考える→優先順位に気づく

もし「法律を守る」ことが最優先事項なら、こんな面倒な方法を使わずとも、全国民を牢屋に入れて、ロボットにでも食事を運ばせておけば、罪を犯す人がいなくなるので、犯罪は確実になくなるでしょう。しかし、そんな体制を望む人はいないはずです。つまり、「未来国家ⅠⅡ」は「法律を守る」ことを最重要課題にしたために、目的と手段がひっくり返った「マッド

・ロー」になってしまったのです。こんな内容なら、「未来国家ⅠⅡ」に対する説得的な批判となりそうです。整理してまとめてみましょう。

　それに対して、批判する根拠としては、まず、このような処置は、状況の変化にまったく対応できず、社会の発展を許さないことが挙げられる。未来国家Ⅰの解説にもあるように、事前の思考規制や出生規制は「未来に新たな立法が不要」になることを前提にしている。逆に言えば、技術や社会が発展して、人々の関係が変わっても、そこで出てくる問題には対応しない。それどころか、むしろ変化を敵視して、過去を反復するだけの社会を目指す。こんな社会では、希望ある未来もなくなるであろう。

　そもそも、法律は、さまざまな人間がよりよく幸福に共生するための手段にすぎず、法それ自体が最高目的ではない。もし安全や法の遵守をすべてに優先するなら、すべての国民を投獄して行動の自由を奪えば、犯罪もなくなるはずだ。しかし、そういう状況を幸福だと感じる人はいないだろう。どんなに法が遵守されても、人間の自己決定を決定的に毀損するあり方は本末転倒なのである。

　法を守ることの目的は、人間の自由と幸福を増進させることだ。この目的と手段の構造を転倒させるから、未来国家ⅠⅡのようなバカげた発想が出てくるのである。

このように、極端な設定の共通性を確認し、それを現在と比較して吟味することで、我々は「法律とは何のためにあるのか?」という原則を確認できました。これは、大きな前進です。もし、こういう極端な「未来国家」のイメージに触れなかったら、我々の「法律とは何のためにあるのか?」という認識が深まることはなかったでしょう。その意味で、一見似たものの間の違いや共通性を見極め、その限界と可能性を見極めるという作業は、重要な意味を持つのです。

この項でのポイント

- 共通性と相違を把握する
- 一般化・抽象化は問題を深化させる
- 比較・対比はものごとの特徴を明確化する
- あえて極端な仮定をして本質に迫る
- 抽象化すると優先順位が分かる

❽別な本と比べる――比較・対比から新しい見方へ

同じ問いでも本が違えば答えはそれぞれ

いくつか「ややこしい本」を読み比べてみると、同じ問題を扱っていながらも、解決の方向がまったく違うものが目につきます。こういう場合、どう考えればいいのか？　もちろん、対立する意見のどちらか一つを選べば簡単ですが、そもそも、どうやって選べばいいのか？　もちろん「好き嫌い」で決めるのでは説得力がありません。「お前は、そちらが好きかもしれないが、オレはこちらが好きだ」と言われたら、それでお仕舞い。「人それぞれだね」と返すほかありません。

しかし、これでは「ややこしい本」を読む意味はありません。なぜなら、前述したように「ややこしい本」を読むことは、今までの思い込みから解放され、新しい見方を獲得することにあるからです。これは、子どもが「新しい味」を覚え、新しい好みを得ることと似ています。子ども時代は、だいたい「辛い味」「苦い味」「臭い味」は苦手です。しかし、さまざまな食べ物を経験すると、そういう複雑な味の持っている独特の面白みが分かってくる。そのうちにさまざまな味を、どう感じていけばよいのか、分かってくる。

「ややこしい本」を読むことは、単に難しい内容を理解すればいいのではありません。むしろ、先人が取り組んだ問題への取り組み方を身につけ、自分なりの解決を見出すことが目的です。俗に「師の指先を見るな。その指さす先を見よ」と言います。一人の師の教えを絶対視するのではなく、その目指すものを考え、自分なりに問題に取り組むのが大切なのです。

ややこしい本を読む ＝ 問題への取り組み方を身につける → 自分なりの解決を考える

そのためには、**あえて複数の教えに触れて、見方を相対化する**べきでしょう。大学入試の共通テスト「国語」でも、数年前から、複数の文章を比較読みする問題が出題されています。問題に対する一定の解決を学ぶだけでなく、いくつかの違った解決や考え方を比較することによって、問題をより深く捉える力を涵養《かんよう》しようとしています。単純で分かりやすい見方だけでなく、「反対の見方」「うがった見方」「中間的な見方」など並べてみると、「分かりやすい」と思っていた解決が、実は知識不足の結果にすぎなかったり、乱暴で一面的な解釈だったり、という事態に気づく。どちらかに決定することで対立を簡単に解消するのではなく、対立を含み込みつつ、さらに高度な観点にたどりつくことが可能になるのです。

次に、そういう練習として、教育とくに親・教師と子ども・生徒の関係をめぐる古典的な文章を読み比べてみましょう（慶應大学総合政策学部2008年入試問題より）。文章は1～4までありますが、それぞれがどう違っているのか、読みながら自分なりに感じてください。そのうえで、その感じが妥当かどうか、解説で確認してみてください。

資料1

教育とは、「養育」、「訓育」、および「人間形成をともなった知育」である。われわれはそのように理解する。したがって、人間はまず最初は乳児であり、次に教え子となり、そして生徒となるわけである。（中略）

訓育は、動物性を人間性に転換してゆく。動物は本能によって直ちにそのすべてを実現している。それに対して人間は、人間固有の理性を必要とする。なぜなら、人間は本能を動物のようには持っていないので、みずから行動プランを立てなければならないからである。しかしながら人間は……未発達のままこの世界にやって来るのだから、他の人が代わりにプランを立ててやらなくてはならない。（中略）

訓育とは、ある人間が動物的衝動によってみずからの本分である人間性から逸脱することがないように、予防することである。たとえば、人間が激情に駆られたり思慮を欠いたりして危険をおかすことがないよう、人間に制約を課すことになる。したがって、訓育は消極的なものであって、つまりは人間から野性的な粗暴さを取り除く行為にすぎない。……子どもはまず最初に学校に送られるが、それは必ずしも学校で何か知識を学んでほしいからではなく、むしろ静かに着席するとか、指示されたことをきちんと守るとかいった習慣を身につけさせよう、将来子どもが思い付いたことを何もかもむやみにすぐ実行するようになることを避けよう、といった意図によるのである。(中略)

人間は教育を受けて初めて人間になる……。人間とは、教育が、素材の状態にある「人間」から作り出すものにほかならない。犬や馬を躾けることが可能なように、人間もまた躾けることができる。(中略)

教育の最も重要な問題のひとつは、法的強制に服従することと自己自身の自由を使用する能力とをいかにして統合できるのかということである。というのも、強制は必要不可欠だからだ! 私は、強制を行いつつ同時に、自由を使用する能力をどのように開発してゆくことができるのだろうか。私は、私の生徒を慣らせて自由を束縛されることに耐えられるようにしてやると同時に、ほかでもないその生徒に、みずからの自由を正しく使用するように指導しなければならない。そうしたことが行われなければ、すべての教育活動は単なる機械論にすぎず、教育を終えた者でもみずからの自由を使用できるようにならない。他者に依存しないように自立し自制してみずから生計を立てることの困難さを認識するようになるためには、生徒は早い時期から社会の避けがたい抵抗を感じ取る必要がある。
この場合に留意されなければならないことの一つとして、次のことがある。すなわち、子どもに強制を加えても、それは子どもが、自分自身の自由を使用できるように指導するためであるということ、また子どもを教化するのは、子どもがやがては自由になることができ、換言すれば、他者の配慮に依存しなくてもよいようになるためであるということを、子ども自身に対して明確に示す必要がある。

（イマヌエル・カント「教育学」より）

資料2

私はここまでの話で、旧教育の類型的な諸点、すなわち、旧教育は子どもたちの態度を受動的にすること、子どもたちを機械的に集団化すること、カリキュラムと教育方法が画一的であることを……明らかにしてきた。旧教育は、これを要約すれば、重力の中心が子どもたち以外のところにあるという一言につきる。……ところが今、大きな変革がわれわれの教育に到来しつつある。重力の中心が移動するのである。コペルニクスによって天体の中心が地球から太陽に移されたときにも比することのできる変革であり、革命である。このたびは子どもが太陽となり、その周囲を教育の諸々の営みが回転する。子どもが中心で、その中心のまわりに諸々の営みが組織されるのである。

理想的な家庭、すなわち、両親が聡明で、子どものために最も善きものを見分け、必要なものを与える能力をもっているような家庭が、ここにあるとしよう。そんな家庭では、子どもは、家族のあいだの世間話やその家族のしきたりをとおして、物事を学ぶにちがいない。子どもはいろいろと発言するだろう。親子のあいだで質問が交わされ、さまざまなことが話題となり、かくして子どもは不断に学習する。子どもは自分の経験を語り、自分が考え違いをしていれば訂正する。さらに、子どもは家庭のいろいろな仕事に参加することで、勤勉、秩序、および他人の権利と思想を尊重する習慣を養い、さらには、自己の活動を家庭全体の利害に従属させるという基本的な習慣も身につける。理想的な家庭であるからには、当然仕事部屋があって、子どもはそこで構成的な本能を働かせることができるにちがいない。小さな実験室もあって、その実験室で子どものさまざまな疑問が解答へと導かれるであろう。子どもの生活は戸外に向かって拡大し、庭園にまで、近くの田園や、森林にまで至る。子どもは、遠足に出かけ、歩き、語る。そのとき、戸外の広い世界が彼の前に開かれるであろう。

もしわれわれが、いま述べたすべての事柄を組織化し、一般化してみるならば、そこに理想的な学校ができあがる。この理想的な学校の創設に、神秘的なところなど一つもないし、教育学や教育理論の上での新奇な発見もない。それは単にたいていの家庭で何らかの理由から比較的貧弱に、偶然的におこなわれていることを、組織的に、かつ大規模で、よく考えられた、ちゃんとした方法でおこなうという課題にすぎない。……家庭という環境の中の仕事や関係は子どもの成長のために特に選ばれたものではない。それらの主たる目的は他にあって、子どもがそれらから獲得しうるものは付随的なものである。ここからして、学校が必要だということがわかる。学校においてこそ、子どもの生活がすべてを支配する目的となるのである。（中略）

子どもはすでに走りまわり、ものをひっくり返し、あらゆる種類の活動を始めている。子どもはすでに激しく活動的であるのだから、教育とは、子どもの諸々の活動をとらえ、それらの活動に方向づけを与えることなのである。指導によって、つまり、組織的に取り扱われることによって、子どもの諸々の活動は、散漫であったり、単に衝動的な発現のままに任せられていたりすることをやめて、諸々の価値ある結果へと向かうのである。

（ジョン・デューイ『学校と社会』より）

資料3

新しい学習理論は遊びを重視し、遊びと仕事（勉学）との区別をできるかぎり消し去ることに特別の重要性を与え、それによって教育の危機を招いた。遊びは、子供が世界のなかで行動するにあたって、最も生き生きとし、かつ最も本人にふさわしいあり方であり、また子供としての存在から自発的に展開される唯一の活動形態であると見なされた。（中略）

……プラグマティズムの基本前提を、教育、つまり子供の学び方に適用すると、子供の世界が絶対化されてしまう。子供の独立を尊重するという口実の下に、子供は大人の世界から締め出され、人工的に子供自身の世界に閉じ込められる。こうして子供を閉じ込めることがなぜ人工的であるかといえば、とりわけ、教えることと学ぶことのうちに存在する大人と子供の間の自然な関係を断ち切るからであり、同時に、子供が人間に成長しつつある存在であること、子供時代が過渡的段階、成人性への準備段階であることをごまかすからである。（中略）

いずれにしても、教育者は若者に対して、既存の世界を代表する立場にある。この責任は、教育者に恣意的に押しつけられたものではない。この責任は、若者は絶えず変化する世界へと大人によって導かれるという事実に含意されている。世界への共同責任を負うことを拒否する人は、子供を持つべきではなく、子供の教育に参加することは許されない。

教育において、世界へのこの責任は権威という形をとる。教育者の権威と教師の資格は、同一の事柄ではない。教師の資格は、世界を知り、それを他人に教えることができる点にあるのに対し、教師の権威は彼がその世界について責任を負う点に基づく。子供と向かい合うとき、教師は大人の住民全体の代表であるかのごとく、子供に事を細部にわたって示し、言うのである。これがわれわれの世界だ、と。（中略）われわれは、権威を体現し、過去を担う保守的態度を教育の領域にのみ適用すべく、教育の領域を他の領域、とりわけ公的・政治的生活の領域から明確に分離しなければならない。

……世界が子供に先立って存在する以上、つまり、子供にとってつねに所与として存在する以上、いかにわれわれの生が現在に関わるものであっても、学習は当然、過去へと向かわざるを得ない。第二に、子供と大人の間に一線を画するのは、大人を教育するのは無理であり、子供を大人のように扱うこともできない、ということを意味しよう。とはいえ、まるで子供が大人と同じ世界に生活しておらず、子供時代がそれ自体の法則によって自立する段階であるかのように、区別の一線を、大人の共同体から子供を隔離する壁にしてしまってはならない。

（ハンナ・アーレント『過去と未来の間―政治思想への8試論』より）

資料4

かずこがといかける。
せんせいがこたえる。

しらないことわからないことふしぎにおもうことは
どんどんせんせいにきいてみよう。

せんせいがといかける。
あきらがこたえる。

せんせいにだってしらないことわからないことがある。
せんせいにどんなことをおしえてあげられるかな？

（安野光雅・大岡信・谷川俊太郎・松居直編『にほんご』より）

まず対立を整理する

それぞれどんな主張をしているか、比較しつつ読めたでしょうか？　対立や違いがあってこそ、比較は成り立ちます。では、資料1～3の主張は、教育する者（親・教師）と学習する者（子ども・生徒）の関係について、どのような点で共通し、どのような点で、食い違ったり対立したりしているでしょうか？

まず、これらの文章の構造がどうなっているかというと、「教育はどう行われるべきか？」「学校はどういう場であるべきか？」という問題に対して、それぞれ異なる主張を述べている文章と考えられます。

資料1では、教育を三つの段階に分け、そのうち「訓育」について（ここが学校教育の期間に当たります）、人間的な自由を実現するために必要な強制だ、と言います。だから、学校も「強制的な教化の場」となります。それに対して、資料2では、教育は子どもの活動を方向づけることだ、と言います。したがって、学校も「理想的な家庭」をモデルとして、生活しながら学んでいく場になるべきだと言います。ところが、資料3では、資料2を「子どもの世界の絶対化」と批判して、教育は子どもを大人の世界へと導くことであり、その代表者である教師は権威を持つべきだ、と言います。学校は大人同士のあり方とは違うので、他の領域から切り離して「大人への準備段階」として明確化しようというのです。

対比表を作って違いを見極める

これらを元にして、三者の対比表を作れば以下のようになるでしょう。

資料	主張	根拠
カント	教育＝養育・訓育・知育 学校＝強制的な教化の場	訓育＝動物性を人間性・理性に転換 教育＝強制への服従＋自由
デューイ	教育＝子どもが生活する中で学ぶ 学校＝子どもを中心に組織される場	理想的な学校＝理想的な家庭 教育では、子どもの活動を方向づける
アーレント	教育＝世界に導かれる 学校＝世界がどんなものか教える場 教育者＝既存の世界を代表する権威	学習＝権威と伝統、保守 子どもの世界を隔離してはならない

カントとデューイの対比が鮮烈ですね。カントは、動物性を人間性・理性に転換するのが教育・学校だから、教師による強制と子どもの服従が必要だと説く。それに対して、デューイは、教育は子どもの活動を方向づけることなのだから、学校は、子どもを中心に組織されねばならない、と主張します。前者は、教育の主体は教師・学校と考え、後者は子どもと捉えているわけです。アーレントはカントに近いように感じられます。なぜなら、教師は子どもを世界に導く権威を持つべきだというので、教師・学校の方が中心だからです。とすれば、「誰を教育の中心とするか」で分ければ、教師・学校中心がカントとアーレント、子ども中心がデューイになるでしょう。

ただ、カントとアーレントはまったく同じではありません。なぜなら、カントの目的は「理性」であるのに対して、アーレントのそれは「権威と伝統」や「既存の世界」であるからです。「理性」が時空を超えた普遍性を求めるのに対して、「権威と伝統」「既存の世界」はある地域・集団に受け継がれてきた特殊的・個別的な価値でいいはずです。以上をまとめると、次のようになります。

資料	教育の主体	教育の意味・目的
カント	教師・学校	理性＝普遍的価値
アーレント	教師・学校	権威・伝統＝特殊的・個別的な価値でもいい
デューイ	子ども	子どもの活動を方向づける

三つの間の対立を整理するのは、ちょっと大変そうですが、こんなふうに、まず大きな違いで二つに分け（カントとアーレント／デューイ）、それから、小さな違いを手がかりに、片方のグループをさらに分けていくと、くっきりと違いが分かります。文章にまとめると次のようになりそうです。

「教師と子どもの関係」でいえば、カントとアーレントは似ており、デューイとは対立する。まず、カントは、人間の動物性を理性に変えるのが教育なので、教師は強制し、子どもは服従し、その中で子どもは自由を見出すと説く。同様に、アーレントは、教育は子どもを世界に導くことだから、教師も今の世界を代表する権威を持つべきだと主張する。つまり、カントもアーレントも、教師が教育の中心だと捉えるのだ。

それに対して、デューイは、教育は子どもの活動を方向づけることなので、子ども中心につくられねばならないと言う。子どもが生活しながら学んでいけるように、学校も家庭をお手本とする。中心はあくまで子どもにあるのだ。
ただ、カントとアーレントは同じではない。なぜなら、カントの教育の目的は理性という人類の普遍性なのに対して、アーレントは「権威と伝統」や「既存の世界」など、ある地域や集団に受け継がれてきた特殊的・個別的な価値を強調するからだ。このように、カントとアーレントは、教師が教育の中心と考える点でデューイと対立するのだが、教育の目的では、カントの方がアーレントよりも普遍性を目指す点が違うのである。

図示すると、以下のようになりましょう。

カント　　　普遍的理性 ≒　　　教師＞生徒 アーレント　権威と伝統	
⇕	
デューイ　教師＜生徒	

対比を発展させて問題の根本を知る

さて、資料1〜3の整理は、これで良いとして、資料4とはどこが違うのでしょうか？　今までの資料と同じなのでしょうか？　もちろん、まったく違いがないということはあり得ません。そもそも、資料1〜3の間で、教師と子どもの関係について厳しい対立がありました。では、資料4はカント＋アーレントに近いのでしょうか？　それとも、デューイの方により近いのでしょうか？　これは、他の三つと違って、詩の形で書かれているので、少し細かく見てみましょう。第一連は、次のように始まっています。

かずこがといかける
せんせいがこたえる

「かずこ」という生徒／児童が、教師に質問し、教師が答える、という風景です。通常の授業で見られる風景と言ってよいでしょう。

しらないこと　わからないこと　ふしぎにおもうことは

どんどん　せんせいに　きいてみよう

というのですから、知らないのは「かずこ」、知っているのが「せんせい」です。第二連も同様です。教師が、わざと問題を投げかけて、生徒／児童に答えさせ、理解しているかどうか、テストしようとしているようです。

せんせいが　といかける
あきらが　こたえる

でも、続く第四連を見れば、この解釈が間違いだと分かります。なぜなら、教師が「知らない者」になっていて、「教える者」が子どもの側になっているからです。

せんせいにだって　しらないこと　わからないことがある
せんせいに　どんなことを　おしえてあげられるかな？

では、第二連にあった「しらないことわからないことふしぎにおもうことは／どんどんせんせいにきいてみよう」との関係はどうなっているのでしょうか？　この詩の第二連では、教師が子どもたちに教えるのですが、それだけでなく、第四連では、子どもたちが教師に教えるという関係も成り立っているようです。そういえば、ラテン語の有名な格言に「人は教える間、学んでいるのだ」Homines dum docent discunt. とあるように、昔から「教育とは、相互に教え合うことである」とも言われているわけですね。つまり、資料4は、古くから言われた「教育の相互性」という立場を暗示しているのです。

つまり、資料1～3は同じ「教育」という話題を扱い、しかも「教育とは何か？」「学校はどうあるべきか？」「教師と子どもとどちらが優先するか？」という同じ問題を扱って、それぞれに違いがあることが分かります。しかし、資料4はそれらすべてを相対化し、資料1～3の間の対立を超えて、より高い視点から教育を捉え直しているのです。このように、この問題は、互いの主張を見比べることで、より実態に即した深い見方ができる可能性を指し示しているのです。

同じ主題についての見解の相対化 → **より深い／高い見方**

実際、資料1～3では、教育の中心は教師か生徒かと二者択一になっているのに対して、資料4では、教師も子どもも教えつつ学ぶという相互関係が強調されます。ここに気づけば、資料4は、資料1~3の間の「誰が教育の中心か」という二項対立から解放され、より実態に即した形で教育を捉え直していることが分かります。これを文章の形でまとめあげれば、以下のようになるでしょう。

> 資料4は「せんせいが といかける／あきらが こたえる」と言う。これは、教師が生徒に質問して、その理解度を確かめるテストではない。なぜなら、次の行に「せんせいにだって しらないこと わからないことがある／せんせいに どんなことを おしえてあげられるかな？」と、教師より「知っている」生徒を想定しているからだ。つまり、教師と子どもの関係は、教師が一方的に教え、子どもが教えられるのではなく、むしろ相互に「教え合う」関係として捉えられているのだ。
>
> つまり、資料4は資料1~3の見方と異なり、教育の中心は「教師か子どもか」と対立的・固定的に捉えるのではなく、「子どもと教師」が相互に教えたり教えられたりする流動的な関係だと捉えているのである。実際、教師は過去の伝統や知識を教えるが、生徒も教師に教えることは少なくない。それは、大人になる過程で忘れてしまった生命力やエネルギーかもしれず、伝統や知識だけでは捉えきれないまったく新鮮な発想かもしれない。いずれにしろ、そのような相互の触発関係の中で、教育はさらに深まってい

くのである。
大人が無視してしまったことでも、子どもには重大に感じられ、それが次の時代に新しい問題になって現れるという可能性は大いにある。その意味で、子どもの自発性は、アーレントの言うように、子どもの世界だけに閉じこもっているわけではない。「われわれの世界」に導いてくれるのは、大人や教師だけとは限らないのである。

対立の中に同質性を見る

資料1~3の対立関係は別様に捉えることもできます。つまり、「教育とは何であるか?」という共通の問題に対して、カント・デューイ・アーレントは「教育の主体は教師か生徒か?」を争っている。しかし、それを谷川俊太郎たちの教科書と比べると、この三つは、実は「教育の主体は、教師か生徒か、どちらか一方であるべきだ」と決めつけている点で共通しています。つまり、一見対立し合っているようで、実は同じ前提を共有しているわけです。

一見対立している二者 → 前提を共有している場合も多い

同じテーマを扱っている、異なる「ややこしい本」を読み比べるという作業の持つ意味は、ここにあります。たった一つの立場に簡単に影響されるのではなく、それとは反対の立場にも触れる。その比較によって、前に読んだ本について捉え直すとともに、その言いたいこともよりクリアに捉えることができる。それどころか、両者の**対立の中で、問題のより根本的な内容に触れ、そこから解決を深いレベルで捉え直す**。新たな発想とは、こういう作業の繰り返しの中で生まれてくるのであり、ただ、自己に閉じこもって沈思黙考したところで出てくるものではありません。

「自分の頭で考えよう」とかよく言われますが、そういう主張をする人に限って、「データを確かめよう」とか「現実を見よう」とか、どれも似たような提案しかしていないようです。考えるとは、一人引きこもって瞑想したりネットで情報を集めたりすることだけでは完結しません。むしろ、対立する見解のただ中に分け入って、それぞれの違いを感じ、根拠を丁寧に検討しつつ、その対立を何らかの形で調停する役を引き受ける。その営為の中からしか、「自分の頭で考える」ことは生まれないのです。同じテーマで、複数の「ややこしい本」を読み比べるのは、そのための訓練と言ってもいいでしょう。

この項でのポイント

●同じテーマで「ややこしい本」を読み比べると各々の特徴が分かる
●一見して対立するものの中に共通性を見出す
●見出した共通性に対して反対命題を立てる
●沈思黙考するのではなく、過去との対話の中に自分も参加する
●新しい発想は、先人との対話の中からしか生まれない

第4部　ややこしい大著を読む

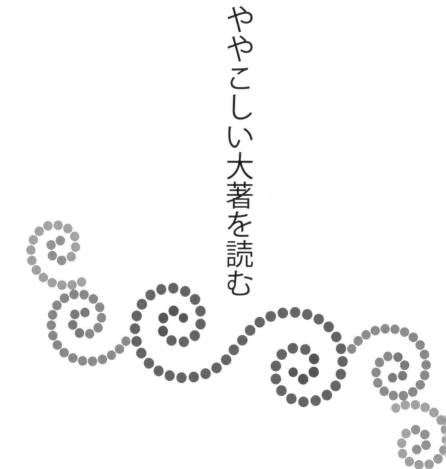

⑨ピケティの『21世紀の資本』を読んでみる

さて、ここまで読み方を整理したところで、「ややこしい本」の代表格トマ・ピケティ『21世紀の資本』を実際に読んでみましょう。これは、2014年に世界的ベストセラーになった経済学の本です。当時、「これがよく売れている経済書だ！」ということで飛びついて途中で挫折した方もたくさんいらっしゃるようですね。「一応読んだけど、よく分からなかった」という人も多いようです。しかし、今までの読みの方法を駆使すれば、この700頁を超える分厚い本もかなり理解しやすくなるはずです。

もちろん、以下はピケティの本を読んだことがない人でも理解できます。もしかしたら、この解説を読んだ後で原本に当たれば、もっと深く理解できるかもしれませんし、最初とは注目するところが変わってくるかもしれません。予備知識がある場合とないのとでは、印象が違ってくるのは当然です。それでも「どちらが正しいのか」と悩む前に、とりあえず、どんな形でも一度触れてみるのは悪いことではありません。「ややこしい本」に二の足を踏む、という状態をまず脱するのが大事なのです。

題名と「はじめに」から分かること

本文に入る前に、まず題名を眺めます。なぜなら、題名は「一番短い要約」でもあるからです。だから、それを見るだけで分かることも多いはずです。日本語の題名は『21世紀の資本』となっていますが、原題はフランス語なので、それも見てみると“Le Capital au XXIe siècle”。Le は男性名詞の定冠詞、Capital は資本、au は前置詞 à+定冠詞 le の省略形で「〜における」、XXIe siècle は「21世紀」なので、『21世紀の資本』と訳されているわけです。

ですが、日本語版の表紙をよく見ると“Le Capital”には大きなフォントが使ってあって、“au XXIe siècle”のところは小さいフォントが使われています。とすれば、強調点は“Le Capital”にあります。実は、“Le Capital”はドイツ語にすれば“Das Kapital”となって、かの有名なカール・マルクスの『資本論』のタイトルそのままなのです。だとすれば、この題名は『21世紀の資本論』と訳してもいいはずだし、経済学の歴史性や連続性を鑑みれば、そちらの方がよいかもしれません。なぜ、そういう訳にしなかったのでしょうか?

私は、これは訳者の意向が関係しているのではないか、という気がします。山形浩生氏は、マクロ経済学の創始者J・M・ケインズ『雇用、利子、お金の一般理論』の訳者として有名です。ケインズは、現在の主流派経済学の一つなので、資本主義を否定して社会主義・共産主義を唱導するマルクスとはソリが合わなそうです。だから、この本のタイトルをマルクスと切り離したかったのかもしれません。

実際、ピケティも、本文中で何度もマルクスの批判を試みています。たとえば、「はじめに」の頭の方を読むと、次のように述べています。

> マルクス……は……資本が蓄積してますます少数者の手に集中し……資本主義の破滅的な終末（を）……予測（したが）……暗い予言は……実現しなかった。……先人たちと同じく、マルクスもまた持続的な技術進歩と安定的な生産性上昇の可能性を……無視していた（からだ）。……もちろんマルクスは、自分の予言の改善に必要な統計データは持っていなかった。……マルクスは……政治的熱意を持って書いたので……拙速な断言を……やってしまった。
>
> （『21世紀の資本』みすず書房11頁　カッコ内の言葉は筆者補足）

つまり、マルクスは十分な統計的データに基づかず、政治的な思惑を先行させて書いたので資本主義破滅ストーリーを安易に書いてしまったが、予言は当たらなかった、というのです。

ケチョンケチョンですね。

では、もし「マルクスは間違っている」と言うのなら、ピケティはマルクスに反対して「資本主義礼賛」の本を書いたと捉えていいのでしょうか？　ところが、そうではないこともすぐ分かります。前述したように、誰かの説に反対することは、必ずしも、その逆に飛びつくことではないのです。

ピケティはマルクスを批判している
←
マルクスは資本主義を批判している
←
ピケティは資本主義を肯定／礼賛するのか？

対立を媒介にする

「はじめに」の、この記述に続く節は「マルクスからクズネッツへ、または終末論からおとぎ話へ」と題されています。マルクスは有名ですが、クズネッツの名前は経済学では習うでしょうが、知らない人も多いかもしれません。でも心配ご無用、「はじめに」で、クズネッツは米国の経済学者で、統計データを駆使して実証的な経済理論を作った人として丁寧に説明されています。とくに、ピケティは、彼を1913年から48年までの統計データに基づいて「米国の所得格差が急激に下がっていったことを示した、と賞賛しています。

クズネッツは、この知見を一般化して「工業化の初期段階は格差が増えるが、工業化と経済的発展の進展につれて減る」と主張します。つまりマルクスは、経済格差が進行して資本主義が滅びるという暗い主張を展開したのに対して、クズネッツは、資本主義が進んでいくと、皆が平等に富の分配に与ることができ、結局は幸福な結末を迎える、と資本主義の未来を明るく描き出したわけです。

対立の調停――ピケティ風

ここまで読んできて思い当たる節はないでしょうか？　この展開のやり方は、我々にはすでにお馴染みです。第8章における「教育」についてのカントとデューイの主張を思い出してください。カントは学校では教師が生徒を服従させるべきだと言い、デューイは子どもを自由にさせるべきだと、対立する主張を展開しました。アーレントはさらにデューイを批判して、カントに近い主張を繰り広げましたね。

このように、「ややこしい本」は、従来からよく知られた対立を足がかりにして、その対立を調停することで自己の新しい主張につなげることが多い。実際、ピケティも、マルクスを「終末論」と揶揄する一方で、このクズネッツの主張も「おとぎ話」とこき下ろします。つまり、クズネッツの主張も「まったく非現実的だ」と否定しているわけです。

資本主義を否定する　≠　ピケティの立場　≠　資本主義を礼賛する

つまり、ピケティは、マルクスを否定するからといって、単に「資本主義は皆が平等になるので素晴らしい！」と礼賛しているのではありません。でもクズネッツの主張を否定しても、マルクスに戻るわけでもない。この二つの対立する有力な説を否定しつつも、自分なりの主張を組み立てていこう、という困難な道を目指しているわけです。

『21世紀の資本』という題名は『資本論』とよく似ている
←
『資本論』との異同は何か？
←
マルクスのやり方は批判する＋クズネッツの楽観論には与しない
←
どちらにも与しない主張

もしかしたら、ピケティは、資本主義は簡単には崩壊しないかもしれないけど、結末は必ずしも明るくないと予測しているのかもしれません。それどころか、一回りしてマルクスとは違った形で「資本主義批判」に戻っているのかもしれない。

もし、そうだとすれば、むしろ『21世紀の資本論』という題名にして、資本主義の評価としては、マルクスとつかず離れずという立場になっていると読者に受け取られるようにした方がよかったかもしれません。フランス語版のタイトルはそれを暗示しています。でも、そうすると社会主義の一派だと見られて一般に拡がらないのでは、と日本の出版社が心配したのかも？　いずれにせよ、タイトルからだけでも、この本の立ち位置はいろいろ想像できて面白いですね。

主題の核心を理解する

ピケティの探究する主題は、タイトルから予想された通り、誤解の余地がないくらい明快です。

> 富の分配は……長期にわたり、どう推移してきたか……？　19世紀にマルクスが信じていたように……富はますます少数者の手に集中してしまうのが必然なのだろうか？　それとも、サイモン・クズネッツが20世紀に考えたように、成長と競争、技術進歩という

均衡力のおかげで……階級間の格差が縮ま……るのだろうか?
（「はじめに」冒頭）

「ややこしい本」の冒頭では、「何について書いてあるか?」という話題を早く見つけて、それを疑問の形に直して、本が取り組んでいる問題を特定するのがコツです。まず、話題は「経済成長」でも「経済政策」でもなく、「富の分配」です。「分配」とは、経済活動の中で生み出された価値が、利潤とか賃金とか、という形で、人々にどう配られるか、です。労働者なら、主に「賃金」という形でお金が配られ、土地や家を持っている地主なら「地代」や「家賃」が得られます。投資家なら「株の配当」なども分配でしょう。もちろん、労働者でありながら、アパートを持っている人は、「賃金」と「家賃」の両方をもらっています。

ただ、富の分配が偏ると、ある人は金持ちになるけれど、別な人は貧乏になる、という社会的な不平等が生じます。しかも、これが長く続くと「階級格差」と言われる現象が起こります。金持ちはどんどん金持ちになって、貧乏人はさらに貧乏になり、両者の間では利害はもちろんのこと、生活も文化も違って「同じ国の人」とさえ思えなくなってくるのです。

こんなことを言うと、すぐ「貧富の差は個人の能力の差だ!」などと言い出す人が大量に湧いてきそうですが、その是非はここでは措きましょう。「ややこしい本」を読むときは、なるべく思い込みや予断をしないで読み進めることが大切です。すぐ価値判断するのは「効率的」

なように見えますが、実は多くの思考の可能性を閉め出すことにもなりかねません。この手の問題については、ピケティは当然承知しているので、やがて触れられるはずです。だから拙速に判断せず、もう少し待ちましょう。

そこで、問題はニュートラルに「経済活動の中で得られた富はどのような配分で人々に分けられるのか？　それは長期的にどう推移するか？」と言い換えましょう。もちろん、その推移がどんな影響を社会に与えるか、なども、いずれ書かれます。

代表的な意見の対立の中で主張が始まる

この問題に対して、ピケティは、先述した通り、代表的な意見の対立から出発します。マルクスとクズネッツは資本主義の評価について対立した見解を述べ、マルクスは「富の集中と階級格差」が進行して、その矛盾が極限に達するタイミングで資本主義経済が崩壊すると予言しました。それに対して、クズネッツは、20世紀前半のデータを使って、資本主義では成長と技術進歩があるので、分配はやがて平等に向かい、階級格差も縮まるとしています。

対立から始めるときには、特徴的な解決の仕方があります。どちらか一方に肩入れしようとするのではなく、むしろ両者を批判することで、自分の立場をより高い位置に置き、対立を乗り越えた、より高度な問題の捉え方をする、という方法です。これをやや難しい言葉で「弁証法」dialecticと言います。dia-は「二つ」とか「変化」とかいう意味で、lecticはlectureなどと同様に「話す」という言葉から来ています。つまり、対話によって解決していくということで、前に述べたソクラテスが使った思考・議論の方法です。

対立の中で主張する

↓

弁証法的に論述する

具体的な解決方法は？

では、どのようにして、ピケティはマルクスとクズネッツの対立を解決したのでしょうか？彼のアイディアは呆れるほど簡単です。方法はクズネッツ、結論はマルクスに近いのです。つまり、前者のように統計データを存分に駆使しつつも（しかも、クズネッツができなかった数世紀にわたる長期データを使って！）、後者のように「富の集中と階級格差のとめどない進行」という命題を証明するのです。

こんなふうにすることで、ピケティは、自分はマルクスのように「政治的」な動機からこういう結論にしているのではなく、統計データに基づく冷静な分析をすると、資本主義では「富の集中と階級分化」が進行せざるを得ない、という客観的な結論にたどりつくと言いたいのです。つまり、現代的方法による資本主義の問題批判。とすれば、やっぱり『21世紀の資本論』

という題名が良いと思いませんか？

ピケティの解決＝方法はクズネッツ＋結論はマルクス

↓

統計データを駆使すると　＋　富の不平等は進むことが分かる

主張と理由を把握する

ピケティがデータを駆使してたどりついたこの結論は、「はじめに」の中の「本研究の主要な結果」「格差収斂の力、格差拡大の力」「格差拡大の根本的な力――r＞g」という三つの節にまとめてあります。最後の節の末尾を読んでみましょう。

> 富が集積され分配されるプロセスは……きわめて高い格差水準を後押しする力を含んでいる。……私の結論は、マルクス……ほどは悲惨ではない……が……あまり心安まるものではない。……資本市場が完全になればなるほど……r（資本収益率）がg（経済の成長率）を上回る可能性も高まる。こ……の影響に対抗できるような公共制度や政策は……残念ながら……効果の薄いものとなるだろう。（29－30頁　カッコ内筆者補足）

「……」でかなりの部分を省略していますが、主要な内容は変わらないようにしてあります。要するに、資本主義では富の格差は開き、階級分化は進んでいく、なぜなら、資本収益率が経済の成長率を上回る可能性が高いからだ、というのです。しかも、これに対抗する政策には期待できないとも付け加えます。

資本主義では、富の格差は開き階級分化は進む

→ **理由（から）**

資本収益率が経済の成長率を上回る可能性が高い

これがピケティの『21世紀の資本』の骨格です。簡単だと思いませんか？　あとは「資本収益率が経済の成長率を上回る可能性が高い」という理由が、どうして正しいと言えるのか、その説明が展開されるプロセスについていけばよいだけなのです。

両者との違いを強調する

たしかに、マルクスも同様な傾向を主張するだけでなく、この矛盾から、最終的に資本主義は崩壊せざるを得ないとも言っていました。ある意味では、ピケティの結論はマルクスよりさ

らに悲観的です。なぜならマルクスは、経済の必然によって革命が起こるので、代わりに社会主義／共産主義になれば社会不平等は解消できる、と破局後の「明るい未来を提示しているからです。

これは、経済発展で社会問題が解決する、というタイプの結論であり、その方向性だけで言うなら、実はクズネッツの主張とも共通しているかもしれませんね。なぜなら、クズネッツは資本主義社会が発展すると、自然に富の不平等は解消すると説いているからです。実は、両者はともに経済に任せておけば問題は解決する、という発想は同じなのです。こういう発想は「経済一元論」とも言えるかもしれません。たしかに、その筋道は違っていて、クズネッツの方は「このまま続けていけばよくなる！」という単純な資本主義礼賛なのですが、マルクスは、「このままではダメになるばかりなので、一度破局を経験して次の段階に行くしかないし、必ずそうなる！」と言います。でも、どちらも経済の自然な発展に任せておけば問題が解決する、という見方が似ています。

クズネッツ → 経済発展する → 富は平等化する

マルクス → 経済発展する → 矛盾が深まって破局 → 共産社会になる → 富は平等化する

ピケティの独自性はどこにあるか？

しかしながら、ピケティは、そのような経済だけに頼った解決法を取りません。彼は次のように述べています。

> 所得と富の歴史……がどう展開するかは、社会がどのように格差をとらえ……どんな政策や制度を採用するかに左右される。……どう変わるかを予見できる者は誰もいない。それでも歴史の教訓は……ちょっとははっきり見通すのに役立つ……。本書……の目的は、過去からいくつか将来に対する慎ましい鍵を引き出すことだ。(38頁)

つまり、「経済」に頼っていてもダメで、「政策」や「制度」によって富の不平等を解決するほかないのだが、その見通しはハッキリしない、それでも、歴史を見れば何かヒントがあるかもしれない、と言っているのです。結局『21世紀の資本』では、富の不公平は拡大し続けるという問題を指摘するのですが、それに対する解決はマルクスの破局のようには明確に書いていないのです。それでも、歴史に学んで、その解決のきっかけを得ることは大切だ、というのです。

どうでしょう？　こういう内容だと分かると、『21世紀の資本』は「よし、こうやれば資本主義は発展できるんだ！」というような元気が出てくる本だとは言えないようです。ましてや、これからの事業や仕事のヒントになるというビジネス書的な効果は期待できません。それなのに、なぜベストセラーになったのか不思議です。

とはいえ、「はじめに」を読むだけでも、『21世紀の資本』が何を言いたいのか、何を目指しているのか、かなり明確になります。この本がベストセラーになってから、『ピケティを読む』などという解説本が世に溢れましたが、そんな本を読まなくても、実は「はじめに」を読むだけでも、著者の意図や議論の概略も明らかなのです。

見取り図を持って全体を読む

さて、このように全体のイメージが持てたら、いよいよ先を読み始めるわけですが、その前に「はじめに」の末尾で、ピケティは「本書の概要」というガイドを示しています。

> 本書は……4部に分かれる。第I部は……基本的な概念を紹介する。……目新しいことは何も書いていないので、こうした概念……を知っている読者は、ここは飛ばして……かまわない。（36－37頁）

このように指摘されているからには、基本的に第Ⅰ部は読み飛ばしてもいいでしょう。もちろん基本概念ですから、ホントはしっかり理解した方がいいでしょうが、逆に、基本概念なら、その後に何回も出てくるでしょうから、出てきたときに読み直すというやり方でも何とかなりそうです。そんなわけで、第Ⅱ部から読み始めましょう。

第Ⅱ部の目次は次のようになっています。

第3章　資本の変化
第4章　古いヨーロッパから新世界へ
第5章　長期的に見た資本／所得比率
第6章　21世紀における資本と労働の分配

これだけでは何のことか分かりませんが、「第3章　資本の変化」における冒頭の節「富の性質──文学から現実へ」が分かりやすいでしょう。ここでは、オノレ・ド・バルザックとジェイン・オースティンという仏英の有名小説家の作品を元に「富とは何か？」を説明しています。

富はレントを生み出すためのものだった。レントとは、資産の所有者があてにできる定期的な支払いのことで……資産とは土地、あるいは国債だった。（119頁）

レントとは、預金に対する利子をイメージすれば良さそうです。土地だったら地代、国債だったら毎年支払われる利息と考えます。しかも、「資本は……蓄積すると……レントに変わろうとする」（122頁）。つまり、ある程度儲かったら、自分であれこれ経営するのを止めて土地や国債にして、そこから上がる利益をあてにするようになる。企業家も、だんだん経営で苦労するのが嫌になるので、企業から引退して地主とか投資家になって収入を安定させようという傾向がある、というのです。

統計データを読み取る

ピケティは、統計データに基づいて自分の主張をしているのですから、データを理解すれば、この後は一気に理解が進むはずです。とくに、分かりやすいようにグラフ化されているので、それを確認しましょう。まず、図「フランスの資本1700—2010年」です。

今まで、この本ではデータやグラフの見方を解説してきませんでした。これについては、拙

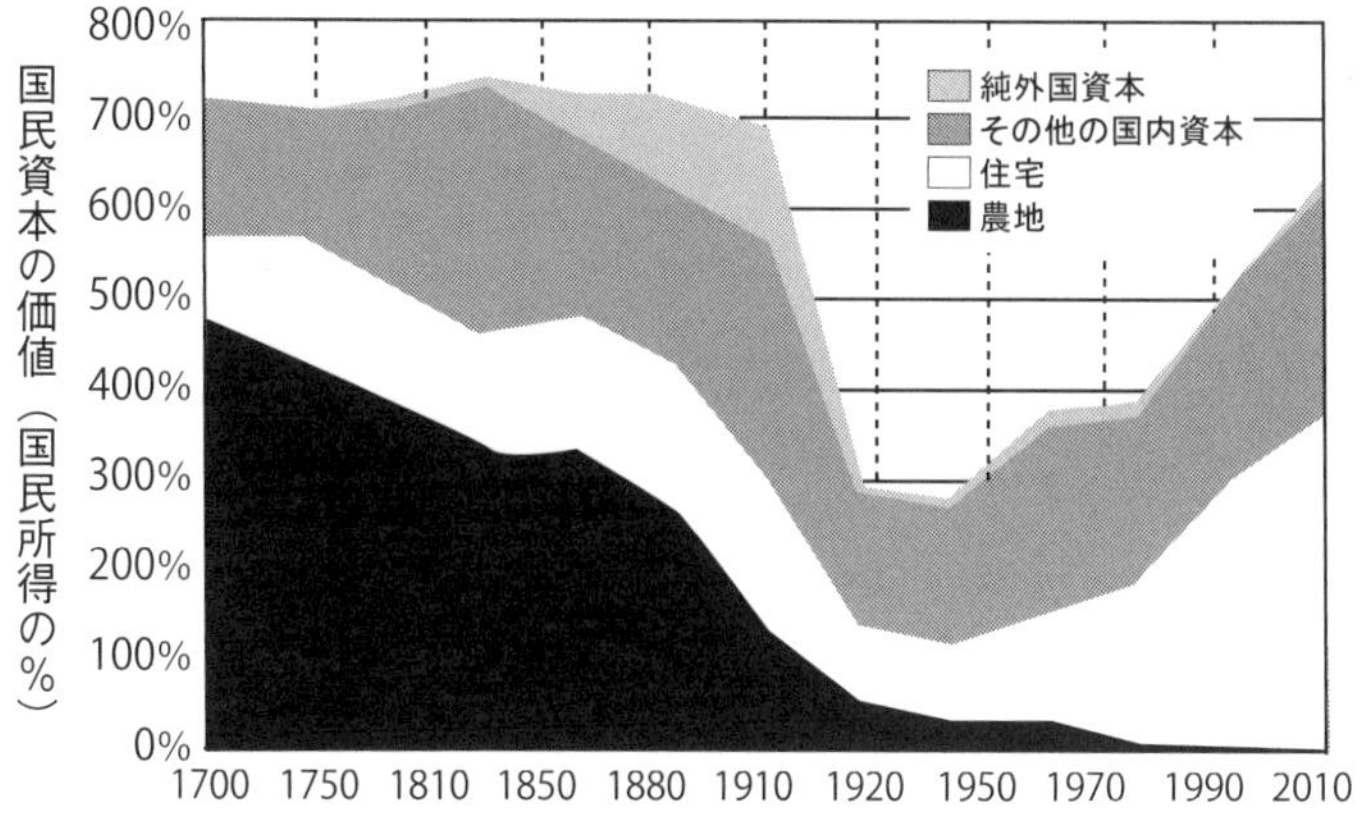

「フランスの資本 1700-2010 年」
出典：トマ・ピケティ『21 世紀の資本』みすず書房 124 頁をもとに作成

著『ヴィジュアルを読みとく技術』で詳述してあるので、くわしくはそちらを参照してほしいのですが、簡単に言うとグラフは細かい凸凹をならして、大きな傾向だけを言語化すれば「読み取り完了」です。

グラフ読解 ＝ 大きな変化・傾向を言語化する

では、さっそくこのグラフを読み取ってみましょう。横軸は１７００年から２０１０年までの時間の推移を表しています。『21世紀の資本』に出てくるグラフは、ほぼこのスタイルで時間による変化を表しています。縦軸は「国民資本の価値（国民所得の%）」とありますが、ちょっと分かりにくい。要するに、国民資本＝農地＋住宅＋他の国内資本＋純外国資本を合わせた価値が、国民所得の何年分にあたっているか、を表しているのです。

すると大きな傾向としては、国民資本の価値は、

1910年まで国民所得の7倍にもなっていたのに、1910年を過ぎたあたりから資本の割合が急激に下がり、1945年の直前まで底になって、そこからまた徐々に上昇していることが分かります。

これが何を示すかは、ちょっとした世界史の予備知識があれば（経済を知るには世界史は必須です！）、すぐ見当がつくでしょう。第一次世界大戦から第二次世界大戦までの時期が、この落ち込みの時期とピッタリ重なっています。しかも、フランスは19世紀に植民地を増やして第二次世界大戦前後から植民地を失っていくので、純外国資本が1820年くらいから増えて、1920―50年あたりで急激にゼロに近づくのも了解できます。他方で農地の価値が減少し、住宅の価値が上がっています。これは都市化や工業化が進んだから、と推論できます。

要するに、20世紀前半には経済的な大変化が起こって、国民資本は大幅に減少したのだけれど、そこから持ち直して、現在また19世紀末までの水準に戻る途上にあるのです。これだけ分かれば、「第4章　古いヨーロッパから新世界へ」は冒頭だけ読めば、あとは読まなくても内容の見当はつきます。

前章では18世紀以降の……資本の変化を検討した。……資本の性質は一変したが……所得に対する資本の総額は……変わっていない。……こんどは分析範囲を他の国々にも

拡大し……よう。（147頁）

「変化していない」ところに注目する

「他の国々」とは、主にドイツとアメリカのことです。面白いのは、前章で20世紀前半の大変化を指摘しつつも、結局「所得に対する資本の総額は……変わっていない」と述べるところです。これは「第5章　長期的に見た資本／所得比率」冒頭でも繰り返されます。

> 前章では18世紀以降のヨーロッパと北米の資本の変化を見た。長い目で見ると、富の性質は一変している（が）……こうした変化にもかかわらず、……資本ストックの総価値……が……変わっていない……。……フランスでは現在、国民資本は国民所得約5、6年分（筆者注500−600％）に相当する。これは……第一次世界大戦直前……に迫る規模だ。（172頁　カッコ内筆者補足）

「変化にもかかわらず」とあるので、この接続の形を見れば、「変化」それ自体より「変わっていない」点が重要であることが分かります。つまり、現代の国民資本（資本ストックの総価値）は国民所得の5〜6倍あって第一次世界大戦直前と似ている、というのです。

国民資本（資本ストックの総価値）＝国民所得の5〜6倍

ピケティの数式は単純

ここまでは、資本ストックと国民所得を比べているだけで、富の分配の不平等には触れていません。しかし、これ以降、分配の不平等に議論が移行していきます。まず、第5章では「資本主義の第二基本法則」が数式で示されます。割り算しか使っていないので呆れるほど簡単な式です。国民所得全体の中で資本が占める割合「資本／所得比率」は、次の式で表されます。

資本／所得比率＝貯蓄率÷成長率

ここの貯蓄率とは、銀行預金のことではなく、実は資本全体のストックの蓄積率です。たとえば、現在のフランスが年2％の成長率で、国民所得の600％の資本を蓄積しているのなら、毎年12％の資本が蓄積されている勘定になります。ここから言えることは簡単です。

> この公式は……示している。たくさん蓄えて、ゆっくり成長する国は、長期的には……莫大な資本ストックを蓄積し、それが社会構造と富の分配に大きな影響を与える……（173頁）

「たくさん蓄えて、ゆっくり成長する国」とは、ここではとりあえずフランスのことですが、まるで日本のようにも感じられますね。日本は、国民の貯蓄率も高いことで有名で、この30年ほどはほとんど成長していないのですから、この見方によれば「莫大な資本ストック」が蓄積されていそうです。しかし、この傾向は日本だけではなく、先進国に共通な「長期的法則」です。「1970年代以降の……資本の復活」（179頁）も言われているので、細かい議論が続いているとはいえ、ここまで読めば、もうピケティは現代における「資本ストックの莫大な蓄積とその社会的影響」を心配していることは明らかでしょう。

低成長 ＋ 高い貯蓄率 ＝ 資本ストックの莫大な蓄積

エピソードと例――格差と集中

この「資本ストックの莫大な蓄積」がどのような「社会的影響」を引き起こしているかは、

第7章の「ヴォートランのお説教」が例示として分かりやすいでしょう。さすがヨーロッパの教養人。ピケティはフランスの大文豪バルザックの小説もちゃんと読んでいるわけです。こういう引用は、なかなか日本の専門家にはできません。私は、川端康成『伊豆の踊子』などは純愛物語ではなく、むしろ階級社会の教材として読むべきだという意見を持っているのですが、そんな取り上げ方をされたのを文学評論で見たことがないし、経済学者が川端康成を引用しているのも見たことがありません。これが日本とヨーロッパの「教養の差」かもしれません。

さて、バルザックの『ゴリオ爺さん』の登場人物ヴォートランは、主人公の一人ラスティニャックに身も蓋もないお説教をします。「勉強、才能、努力で社会的成功を達成できると考えるのは幻想にすぎない」と。法学や医学を一生懸命勉強したところで、結局、たいした年収は望めない。むしろ、不器量だが金持ちの娘を探して結婚する方が、法学者や医者の10倍以上の年収を得ることができる、と言います。

> 働くなんて馬鹿らしいだけだ。……社会格差それ自体が不道徳かつ不平等なんだから、とことん不道徳に徹し、どんな手段であろうと資本を独り占めしてしまえばよいではないか？……労働と勤勉さだけでは、相続財産とそこから生まれる所得による快適さの水準を達成できない……（251頁）

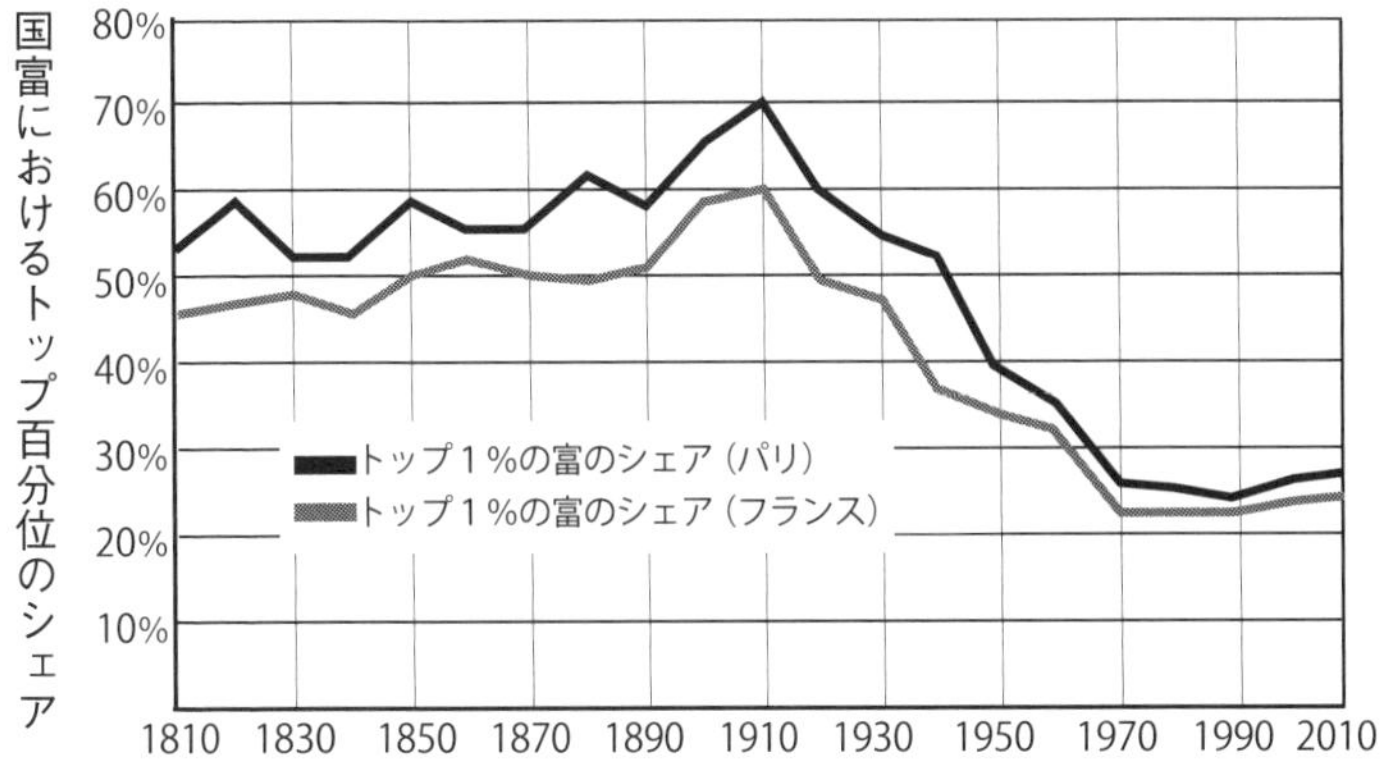

「パリとフランスの富の格差1810-2010年」
出典：前掲書355頁をもとに作成

こういうお説教が成り立つのも、この当時の富の格差が大きかったからです。図「パリとフランスの富の格差1810―2010年」を見れば一目瞭然です。このグラフは、富を持つ階層のトップ1%が全体の富のどれくらいを所有しているか、を表しています。

『ゴリオ爺さん』の出版は1835年ですが、19世紀ではおしなべて50%を超え、第一次世界大戦直前の1910年に至っては70%を所有しています。つまり、全国民の内でトップ1%の金持ちが、全体の富の7割を持っているわけです。第Ⅲ部では、英米仏などそれぞれの国ごとに現れた、同様な富の格差の傾向が何度も繰り返して描かれます。そのような富の集中が、1910年以降、急速に崩れていって1970―2010年では20%を超えるぐらいにまで減っていきました。

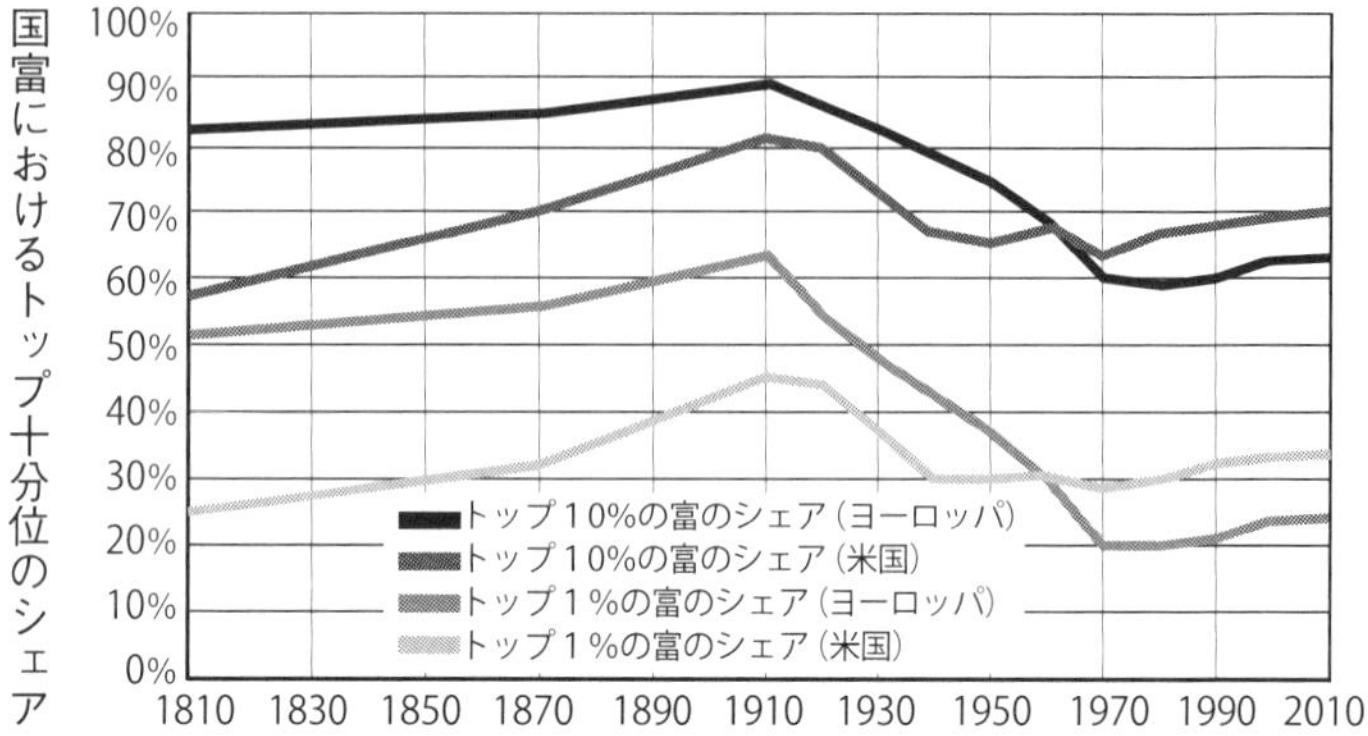

「ヨーロッパと米国における富の格差 1810-2010 年」
出典：前掲書 364 頁をもとに作成

はたしてこの状況は、富が平等化されたためと喜んでいいのでしょうか？　残念ながら、そうではありません。なぜならトップ10%に区切りを変えてみると、１９１０年に80〜90%集中していた富は、それ以降に60%まで下がりますが、さらに先を見ると、また増大して２０１０年には60〜70%まで回復しているからです。トップの範囲が拡大したとはいえ、一部の人々が国民の大部分の富を持っているという不平等な性格は変わらないのです。

トップ10%の資本のシェア ＞ 国富の50%

格差はなぜ生まれるか？

ピケティは、第10章で、このようなムチャクチャな格差が生まれるメカニズムを「資本収益率がつねに成長率より高い」ことに求めています。

たとえば、g〔成長率〕＝1％で、r〔資本収益率〕＝1％なら、資本所得の5分の1を貯蓄すれば（残り5分の4は消費しても）、先行世代から受け継いだ資本は経済と同じ比率で成長するのに十分だ。……貯蓄分はもっと増え〔れば〕、その人の資産は経済よりも早く成長し……富の格差は増大し……「相続社会」の繁栄に理想的なのだ。（366頁　角カッコ内筆者補足）

つまり「資本収益率が成長率より高い」という傾向が継続される限り、先行世代から受け継いだ資本／資産は、経済の成長率より大きな比率で増えるので、たとえ、多少贅沢をしたとしても、残りを貯蓄に回すだけで、その資本ストックは、さらに大きく成長すると予想されます。だから、大きな相続財産を受け継いだ人は、資産がなく賃金だけで生活している人より金持ちになることが約束されることになります。

日本では、ここ30年ほど成長せず、むしろマイナス成長に陥っています。こういう環境では、資本を持っている人の富は拡大し、持っていない人との間の格差は開くばかりで、『ゴリオ爺さん』の描くような相続社会になるのは必然です。だから、いくら一生懸命働いて稼いでも、資産を持っていない人は相続した人にはかないません。一生懸命働くより、親の財産をあてに

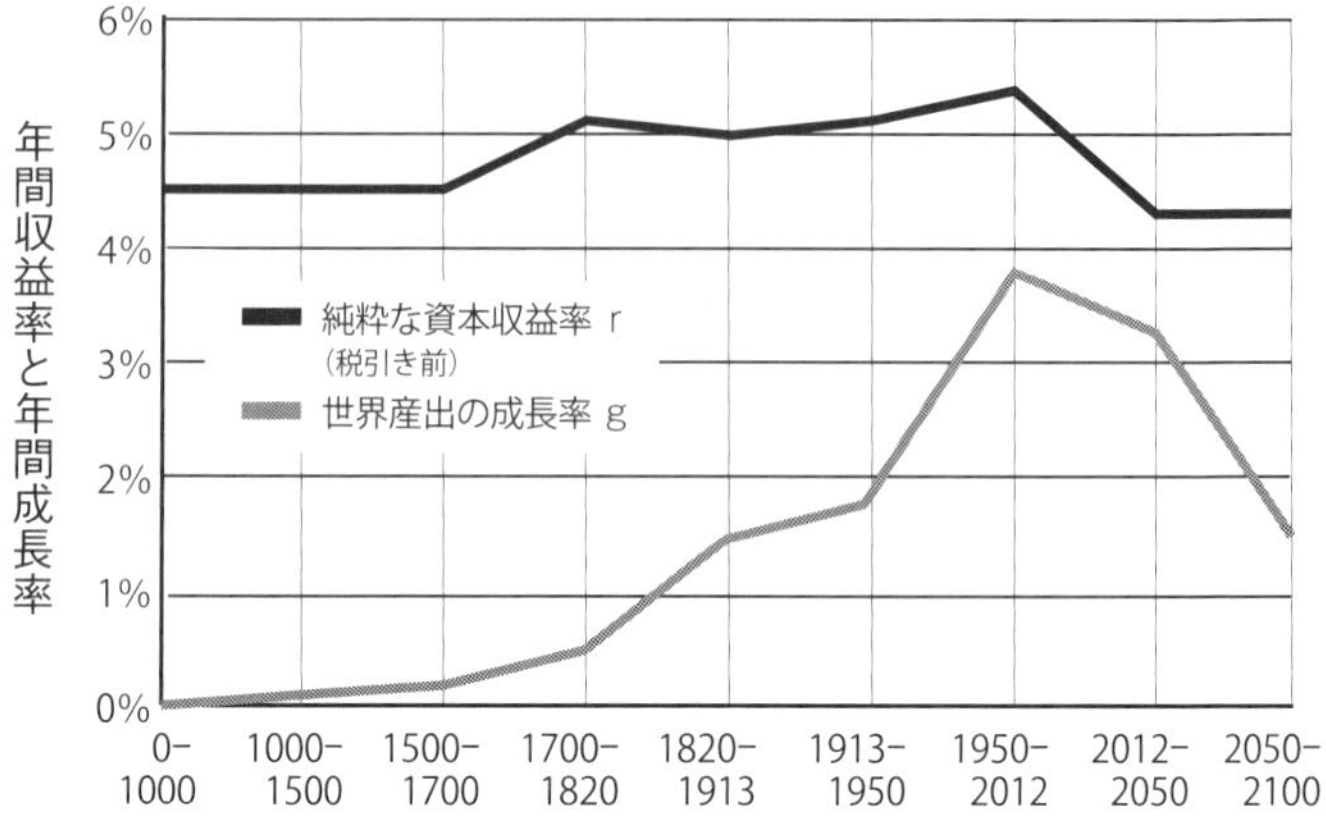

「世界的な収益率と経済成長率　古代から2100年まで」
出典：前掲書369頁をもとに作成

して暮らすか、金持ちの親を持つ結婚相手に期待する方がずっと良いという社会になりかねません。もちろん、田舎の「負動産」などを相続すれば損になるかもしれませんが、都会の不動産ならそんなことはありません。「額に汗して働く」などという近代の労働倫理も崩壊するでしょう。実際、資本収益率は、歴史的につねに成長率を上回っています。右上の図を見ましょう（横軸2012年以降は今までの傾向に基づく予測値）。

この2000年以上にもわたる壮大なグラフで見て取れるのは、資本の収益率がすべての時代を通して4～5％と安定しているのに対して、成長率の方は、0—1500年はほぼゼロに近いのですが1700—1913年に大きく成長し、それが1913—1950年まで鈍化して、1950—2012年で急上昇し、それ以降、また急激に下降

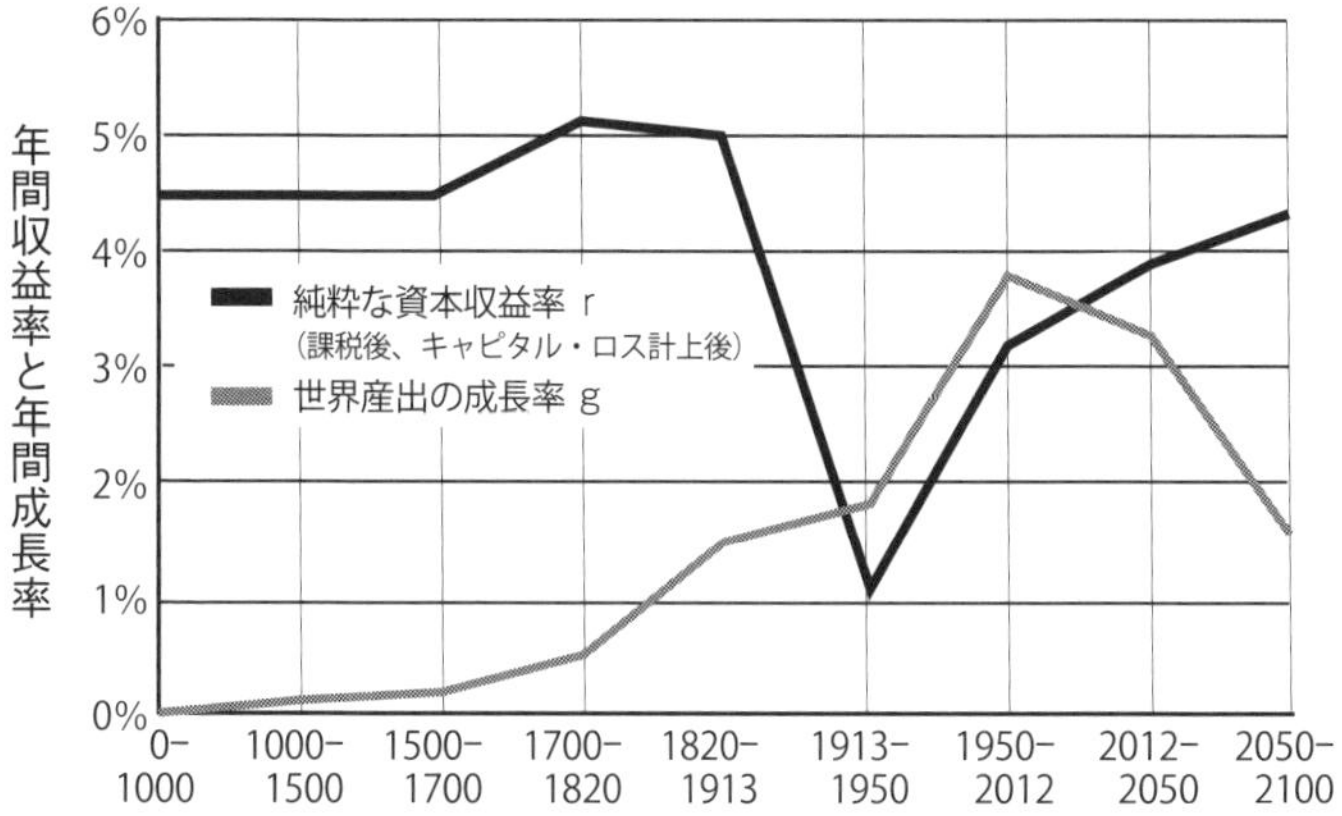

「世界的に見た課税後収益率と成長率　古代から 2100 年まで」
出典：前掲書 371 頁をもとに作成

しているという事情です。

国民資本のグラフで見たように、第一次大戦後から１９５０年までは、歴史の中で特別な期間なのです。累進税率などが制度化され、資本に対する課税が強化されたので、１９１３—２０１２年の間の課税後の資本収益率は急減しました。一方で、１９５０年から２０１２年までは成長率が急上昇したため、資本収益率は成長率よりわずかに少なくなりました。しかし、２０１２年以降、資本収益率の方が成長率をまた上回ると予想されます。左上の図「世界的に見た課税後収益率と成長率　古代から２１００年まで」を見てみましょう。

だから「r（成長率）とg（資本収益率）の差は21世紀のどこかの時点で、19世紀に近い水準に戻るだろう」（３７１頁）とピケティは予言するのです。

まとめよう。今日のヨーロッパでは……富の集中が目に見えて減っているという事実の大部分は、偶発的な出来事（1914―1945年のショック／筆者注つまり第一次・第二次世界大戦）と、資本と、資本からの所得への課税といった個別制度がもたらした結果だ。……これらの制度が破壊されてしまえば、過去……〔より〕もっと高い富の格差が生じかねない……近代的成長、あるいは、市場経済……に……富の格差を……減らし、調和のとれた安定をもたらす……力があると考えるのは幻想だ……（391頁　角カッコ内筆者補足）

もっと正確には、次のような結論が得られる。資本収益率が経済成長率よりも大幅かつ永続的に高いなら、……相続が……貯蓄よりも優位を占める……過去に創出された富は労働を加えなくても、労働に起因する貯蓄可能な富よりも自動的に急速に増大する。（393頁）

未来を予想する

では、このような不平等は、今後どうなっていくと予想されるのでしょうか？　これもグラ

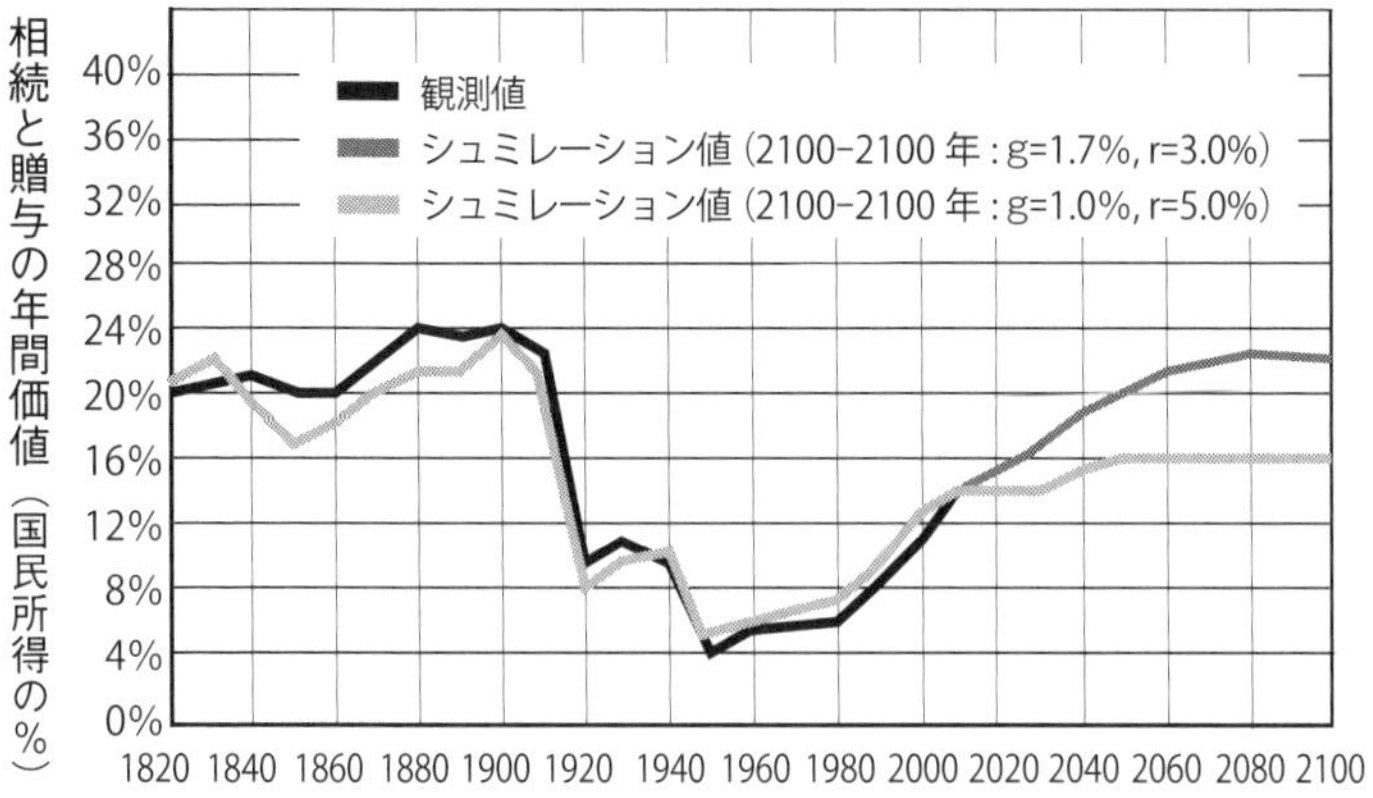

「相続フローの実測値と今後のシミュレーション：
フランス1820–2100年」　出典：前掲書414頁をもとに作成

フを見るとよく分かります。図「相続フローの実測値と今後のシミュレーション：フランス１８２０—２１００年」を見ましょう。

「フロー」とは期間を区切った中での値、「ストック」とは、そのフローが累積した値です。まず図は、年間当たり、国民所得のどれくらいの部分が遺産と贈与で占められているか、を示します。第一次世界大戦前、不平等がもっとも大きかった時代は、国民所得の４分の１が相続でした。そういう状況が１９４５年までに急減して４％までに落ち込みます。この時代には、相続財産がほとんど意味を持たなくなったわけです。しかし、その後は徐々に回復し、２１００年では16～22％を占めることになる、と予想されています。

一方、次の図「相続財産が国富に占めるシェア：フランス１８５０—２１００年」では、相続財産が

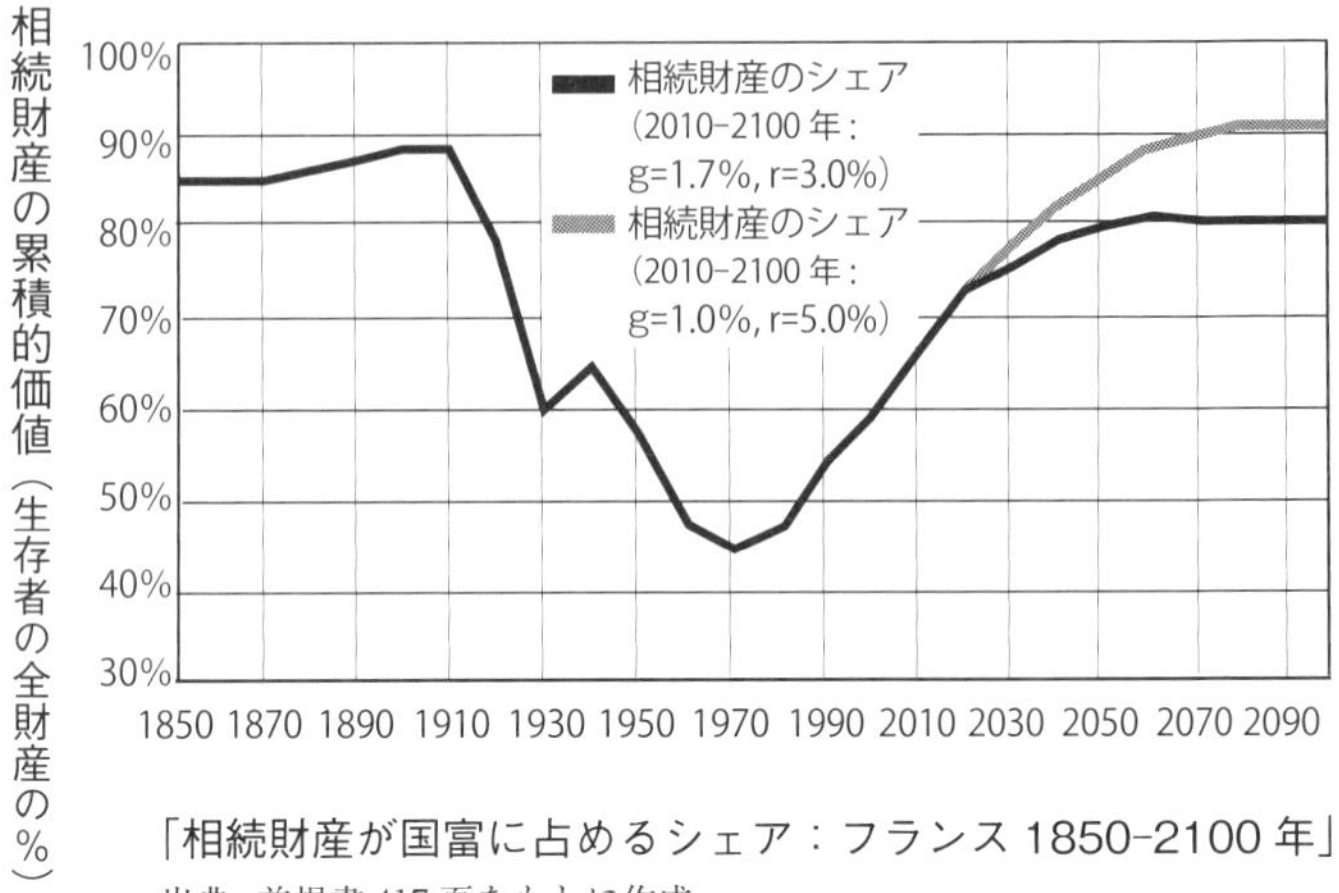

「相続財産が国富に占めるシェア：フランス 1850–2100 年」
出典：前掲書 417 頁をもとに作成

総財産ストックに占める割合です。第一次世界大戦前はなんと総財産の90％（！）が相続財産でした。それが１９７０年まで下がり続けて40％まで落ち込みます。しかし、そこから急速に回復し、２０１０年には70％近くになり、２１００年では、また80〜90％を占めることになりそうです。もっとも格差が大きかった１９１０年のあたりに近づいているわけですね。だから、次のことが言えます。

> 格差の「自然」構造は……経営者よりも不労所得生活者の優勢を好む……。特に低成長で、資本収益率が成長率よりも明らかに高いときは、……富が集中し、資本所得トップが労働所得トップよりもはるかに優勢になるのはほぼ避けがたい。（４２６頁）

日本における没落エピソード

そういえば、私の父や叔父はすでに亡くなっていますが、ここで述べられる格差構造の大変化の中で人生の選択を迫られてきたように見えます。もちろん「極貧に生まれて一財産を築いた」などという立身出世のストーリーではありません。むしろ、彼らは地域の中ではまあまあ裕福な商家に生まれ、「乳母に育てられた」という恵まれた境遇です。父は小さい頃から数学が好きだったらしく、理系の道に進もうとしたところで徴兵され、たまたま国内に配置されたことで九死に一生を得ます。同時に徴兵された同じ地域のほとんどの人はニューギニアに送られて潜水艦に沈められて戦死したといいます。

父は、戦争から帰って大学に行き直し、物理学の教師になりました。本来は長兄が病死しているので、商売をしていた家を継がねばならなかったのですが、それを嫌がって、家の財産をすべて弟である叔父に譲るという決断をして別な土地で生計を立てようとしたのです。叔父は、その財産を切り売りして働かずに一生暮らしました。ピケティの言う「相続財産」での生き方を選んだのです。その結果、晩年は収入が尽きて困っていたようで、貸していた店舗がボロボロになっても解体できず、その費用を賃金生活者であった父に援助してもらっていました。

この父と叔父の生き方は、ピケティの言う金利生活者の没落と賃金生活者の勃興が見られる

1912―45年の現象とぴったりと対応しています。フランスと違って、日本は第一次世界大戦で大きな損害を受けなかったので、少し時期は後にズレていますが、第二次世界大戦後の「相続財産」の価値低下と賃金生活の上昇には対応しているでしょう。

格差は能力の差ではなかった

以上を考えれば、当然のことですが、**所得の格差は能力の差の反映ではあり得ない**、という結論になります。なぜなら、データによれば、能力があって働いたことで得た富よりも、相続財産で蓄積した富の方が圧倒的に多いからです。結局、経済の格差は、金持ちの親の元に生まれるかどうかという、「運」または「親ガチャ」にかかっているわけです。ヴォートランのお説教を思い出しましょう。

問題は、こういう社会構造が「民主主義」という政治的理念とまったく整合的ではない点でしょう。民主主義では皆が同じ権利を持つという平等主義的な考え方をします。だから、たとえ格差があったとしても、それは血縁や相続という不合理な力ではなく、努力や能力という個人に属する合理的な力に基づいている、と信じられています。逆に、そう考えなければ、平等主義的な信念は成り立ちません。だからこそ「貧富の差は能力の差である」という主張は何度も繰り返され、生活保護などの福祉制度拡充などの主張に対しては「自業自得で困窮した人間を、なぜ、社会が助けなければならないのか?」という批判が繰り返されるのです。しかし、ピケティは、そういう主張に対して、死刑宣告します。

> 格差を拡大させる基本的な力は、市場の不完全性と何の関係もなく、市場がもっと自由で競争的になっても消えることのない、不等式r（資本の収益率）>g（成長率）にまとめられる。制限のない競争によって相続に終止符が打たれ、もっと能力主義的な世界に近づくという考えは、危険な幻想だ。（440頁　カッコ内筆者補足）

つまり、富の不平等は「能力の差」の結果でも、「市場の失敗」などという資本主義の機能不全でもない、むしろ資本主義の必然的な帰結なのである、と。資本主義は能力主義的な世界である、という主張はまったくの幻想である、というのです。

富の不平等 ＝ 資本主義の必然的な帰結

わからなくなったら各章のまとめを利用する

『21世紀の資本』は大冊なので、筆者は、読者が読みやすいように工夫をしています。ここまでの「引用」で、「まとめよう」「前章では……を述べたが」というような表現が頻出したことから分かるように、章の冒頭では前章に何を述べたか、がまとめられ、結末では要約がなされます。このスタイルは長い本でよく取られる手法で、19世紀ドイツの哲学者G・W・F・ヘーゲルの『精神現象学』という哲学書でも、同じような手法が採られています。章や節が変わるごとに「前章／節ではこういうことを述べた」と繰り返されるわけです。

だから、「ややこしい本」が長すぎて、何が書いてあるのか集中力が途切れそうになったときは、章の冒頭や末尾をあたれば、何を言わんとしたのか把握できます。もっとも、ピケティは正確なまとめを書いていますが、ヘーゲルだと「あれ、こんなこと前に書いてあったかな？」と首をひねる場合も少なくありません。それでも手がかりになる場合が少なくないので、**章の冒頭、末尾には注目して読む**ようにしましょう。

データと本文との関係

他方で『21世紀の資本』は、統計を元にして根拠が構成されていることも、読む方法を決めてくれます。統計なので「なぜこうなったか」というメカニズムの部分は直接明らかになりません。ただ、データを取ったら、あるものと別なものとの間にこういう関係がある、ということはくっきり示せます。ここまでの読みでも、グラフを中心に説明してきましたが、統計データを使う場合は、ある傾向が示せるだけでなく、それが「なぜ、こうなるか?」という推論とうまく組み合わせられないと、より深い理解にはなりません。

まず、資本ストックが国民の所得の6〜7倍あったが、それが20世紀前半でいったん激減したものの、20世紀後半で持ち直しつつあることはグラフから理解できます。そのうえで、社会の上層の人々が資本ストックの大半を持ち、それが一度減少しつつも、傾向は変わらないことが言われます。ピケティは、このようなことが起こる理由を資本の収益率が成長率より大きいという傾向に求め、またグラフを使って、歴史のうえで資本の収益率が成長率をつねに凌駕していたという傾向を示します。もちろん、資本ストックの場合と同様に20世紀前半で例外が出てくるのですが、20世紀後半からはまた元の傾向が復活しているので、この傾向が続いていることは示せるわけです。

ここから分かったことは何か? 結局、20世紀前半から中盤の「成長率が資本収益率と拮抗する」というような事態は、長い歴史の中では特殊な例外であって、だいたいは資本の収益率が成長率を上回る結果、資本ストックは莫大に積み上がり、それを所有するのは上位10%の限られた人々なので、富の格差は拡がる一方だ、ということです。要するに、次のようなメカニズムになるわけです。

資本の収益率が成長率を上回る

←低成長下では、資本ストックが莫大に積み上がる

←資本ストックを社会の一部の人々が独占する

←富の格差がさらに拡大する

とすれば、クズネッツが主張した「経済成長すれば、富の分配は平等になる」という主張は完全な誤りということになります。クズネッツが間違えたのは、彼が利用したデータが20世紀前半を中心とした比較的狭い範囲のものなので「一部の例外をもって全体傾向を判断する」という読み違えをしてしまったからなのです。

> まとめよう。……現代の成長は、マルクスが予測した大災厄の回避と、資本蓄積プロセスの均斉化を可能にした。だが資本の深層構造は変えていない……（243頁）

これと217頁の図「フランスの資本1700―2010年」を合わせて見てみましょう。ピケティの主張は明らかです。20世紀の経済成長のおかげで、資本の価値は下がり、資本主義の終焉というマルクスの予言は外れる一方、「富の分配の不平等」という傾向自体は長期的には不変であり、20世紀後半から現在までを取れば、むしろ不平等性は強まり、229頁の図のシミュレーションと合わせれば、今後さらに強まるはずだ、というのです。

必然と意志の問題

このようなピケティの主張は、正反対の説を一挙に否定して、眼が覚めるように鮮やかです。マルクスとクズネッツは、どちらも「経済」に頼った解決法を提示しています。まず、マルクスおよび、その盟友のエンゲルスの主張は「史的唯物論」と呼ばれていますが、彼らは「生産力と生産関係の矛盾」というキーワードで、歴史が必然的な過程として進んでいくと論じます。

しかし、この理論が正しいとしたら、社会主義・共産主義の成立も「生産力と生産関係の矛盾」として出現するので、わざわざ労働者が団結して共産党などを作って社会改革をしなくてもいいじゃないか、という議論が出てきそうです。もし「生産力と生産関係の矛盾」において歴史が推移するなら、古代社会は必然的に封建社会になり、封建社会は必然的に近代社会に変わります。とすれば、近代の資本主義社会も放っておけば、必然的に社会主義や共産主義社会に置き換わりそうな気がします。

とはいえ、歴史を作るのは、あくまで人間です。資本主義社会に生きる人々は、自然に社会主義者や共産主義者になるわけではない。だから、労働者が、どのようにして、社会のしくみに対して明確な意識を持ち、歴史を動かす原動力になっていくのか、を解明しなければなりません。マルクスの『資本論』は階級意識を規定しようとする前に終わっているので、そのあたりは、かつてマルクス主義者たちの間で大論争になりました。

それに対して、クズネッツのように、「経済成長すれば富の分配問題も解消される」という観点も、経済問題は経済内部のメカニズムによって解決/解消される、と主張する点だけを見れば、資本主義に対する評価が真逆のマルクスの主張と似ています。経済発展すると矛盾が大きくなって、やがて資本主義が崩壊するという破滅型ストーリーではないのですが、経済発展すると富の分配が平等になる、という楽観的な主張は、経済の問題は自然に経済内部で解消される、という点で共通していると思われるからです。

経済決定論を使わない利点と欠陥

では、ピケティは、どのように考えているのでしょう?　第Ⅳ部「21世紀の資本規制」の冒頭を見ると、次のように書かれています。

> 格差スパイラルを避け、蓄積……に対するコントロールを再確立するための理想的な手法は、資本に対する世界的な累進課税だ。……とはいえ真に世界的な資本課税は……ユートピア的な理想でしかない。（489-490頁）

ここでは、二つの内容が言われています。まず、富の不平等という問題を解決するには、資本主義の発展に任せておけない、このままだと不平等はさらに拡がるし、資本主義経済自身には問題を解決するメカニズムは存在しない、というのです。では、どうするか？　簡単に言うと、政府が、資本に対する累進課税をして、それを下から50％など相対的に下層にいる人に再分配する政策をとるべきであり、経済への不介入などと言っている場合ではないと主張するのです。つまり、**経済が引き起こした問題については経済の力ではなく政治の力で対処すべき**だ、と言っているわけです。

こうすれば、マルクスの主張のように「経済的な必然ならば、なぜ政治運動をする個人・組織が必要なのか」というジレンマは起こり得ません。制度を作らねばならないのだから、政治的に解決することになります。だから、政府が、不平等の被害を受けている下位50％の人々、「労働者たち」「無産者たち」に対して、積極的に分配するようなシステムを作らなくてはならない、と言っているわけです。

政府による規制の可能性

もちろん彼は、やみくもに「累進課税をしろ」と述べているわけではありません。その前に、政府の規制がどうあるべきか、まず今まで政府が果たしてきた役割を、たとえば教育支出、年金制度などを確認・検討しているからです。そのうえで、累進的な税制度について、ピケティは期待を寄せているようです。

> 20世紀の累進課税の歴史を見るとき……米国がいかに突出して……いたかを見ると驚いてしまう。……米国は「過剰な」所得や財産に対する没収的な税を発明した……70%以上の税率を試してみた……。まずは1919―1922年の所得税で、そして1937―1939年には相続税だ。……狙いは……追加の税収を得ることではない……。むしろそうした所得や巨額の相続財産をなくそうとしている……それを社会的に容認できず、経済的に非生産的だと見な（して）……その永続化を強く阻害するのが狙いだ。
> （527-528頁　カッコ内筆者補足）

もちろん、1980年代にアメリカは「レーガノミクス」で累進課税の緩和を試み、この方向は反対方向に修正されましたが、このような累進課税強化の経験が存在したことで、ピケティは「累進資本課税」が可能だと考えたのかもしれません。次のように期待を膨らませています。

> 証拠から見て、年収50万ドルか100万ドルの所得に対して80パーセントくらいの課税をしても、米国経済の成長は下がらないし、成長の果実を……広く分け与え、経済的に無益な……行動に制限をかけることになる。（536頁）

ピケティの解決は可能か？

とはいえ、この解決には、それ相応の問題点も出てきます。なぜなら、ピケティ自身が、資本への累進的課税が「採用される見込みは……かなり低い」（536頁）と自分から述べているからです。

今の日本に支配的な「新自由主義」的な政治状況を考えてもすぐ分かることですが、政府が労働者を配慮してくれる保証はありませんし、資本累進課税のための制度改革ができる保証も何一つありません。むしろ、経済の衰退を知りながら一般国民にさらに増税したり、社会的不平等が進むと知りながら富裕層への税率を下げたり、国民の持つ金の価値を下げて国際的な企業に移転するために円の切り下げを行ったりしています。これを見れば、富の分配の不平等をなくすためには経済メカニズムに期待できないことがたしかだとしても、政治がそれを是正する制度改革の方向に行くことも期待できそうにありません。

この矛盾は彼の主唱する「国際的な資本累進課税制度」では、さらに明確に現れます。なぜなら、一国内ですら、さまざまな利害関係者がいて成立しにくいのに、「国際的」となって一国の主権の及ばない状況になったら、なおさら全世界的「資本累進課税制度」などできるはずがないからです。それは「空想的な発想」（539頁）にすぎません。

経済的な問題が経済内部で解決できない、としたら、それを解決する力はどこから来るのか？「政治的な力である」とピケティは言います。では、その政治的力は、いったいどこから来るのか？誰がその勢力を形作るのか？ピケティは明確には答えられません。マルクスだったら、社会の下部構造＝経済の必然だと言うでしょうが、ピケティはそれを否定しています。もし経済の問題を解決するのが政治の力だとしても、その政治が結局経済的力関係によって決定されるとするなら、堂々巡りに陥ってしまうでしょう。

これを避けるには、政治の力は経済から独立したものでなければなりません。とすれば、

「資本累進課税制度」は、古からよく言われたDeus ex machina（機械仕掛けの神）のような問題解決の仕方になっているという批判も可能かもしれません。ギリシア・ローマ時代の演劇では、最後に神Deusが出てきて「お前たちを許そう！」とか何とか言って、登場人物たちの問題や矛盾を一挙に解決して、無理矢理芝居を終わらせるという手法が頻用されたと言います。ピケティも、現実的に可能かどうか分からない、あるいは、一見して、かなり実現困難な政治目標を掲げて、それを実現する政治勢力がどこから出現するのか説明しないまま、そういう解決しかないのだ、と究極の「解決」にしている、という批判もできそうですね。

……と、最後は『21世紀の資本』に対する文句のようになりましたが、たとえ名著であっても「ごもっとも！」と肯定するだけでは、読んだ意味はありません。むしろ、ここが問題でないか、ここはおかしいのではないか、と疑問が持てる方が「ややこしい本」を読んだ効能が出た、と言えます。いずれにしても、富の不平等に対する政策を云々する前に、ピケティの発想と論理展開をまず理解しなければ、きちんとした批判も出ないし、疑問も持てません。

そういえば、『21世紀の資本』には「働いても資産の力にはかなわない」と書いてあるからと、暗号資産やＦＸへの投資を呼びかける輩も出てきているとか。しかし、そういう読み方は「ヴォートラン」の21世紀版焼き直しでしかないし、もし「資産パラサイト」になることが唯一の上昇チャンスなら、今、資産形成しようと躍起になっている状況自体、もはや遅すぎることになりかねません。そういう曲解に陥らず、経済の容赦ない現実の挑戦を受けつつも、どういう社会を構想するのか、その問いを考えることがピケティを読む意味なのです。

この項でのポイント

- ●題名から問題と解決の構造を予想する
- ●「はじめに」で方法論を理解する
- ●データの読み取り方に習熟する
- ●残された問題は何か、考える

第5部　対話して世界を広げる

⑩みんなで話すと分かってくる——会読のすすめ

読むことは対話をすること

ところで、読者の皆さんは、前々章までを読んで考え込まなかったでしょうか？ 「自分は「読む」方法を知りたくて読んできたはずなのに、なぜ問題と解決の構造を分析したり、主張の違いをまとめたり、それぞれの内容をまとめて比較したり、などという面倒なテクニックに触れるのか？ それはどちらかと言えば「書く作業」に近いのではないか？」と。実は、「ややこしい本」を理解するには、単なるインプットでは不十分で、自分でもアウトプットしつつ読む方が深く理解できるのです。

「ややこしい本」を読むという作業は、過去にいた著者と対話をすることです。今まで何度か論じたように、内容を語る方法も順序も、ほとんど読者との対話の形になっています。たとえば、理由は、読者が「なぜなの？」とツッコんでくるときの答えだし、「どういうことなの？」とか「証拠はあるの？」などという読者が抱くはずの疑問に対して、著者が説明したりデータを示したりするのが根拠の部分です。それどころか、あえて読者の提起しそうな反論を先回りして予想して、それとわざわざ対話しつつ、自説を強化したりすることすらあります。もちろん、読者からの反応をすべて本に書いてはおけないけれど、予想できる反応に対しては、あらかじめ答えを書いておいた方が「なるほど！」と思ってもらえる確率が高くなります。

「ややこしい本」＝読者からの予想されるツッコミに答える＝著者と読者との対話

著者の言うことを鵜呑みにしない

とすれば、読む方もその対話に積極的に参加しないといけないはずです。分からないことは質問し、反対意見を考えたときは相手にぶつけ、他の本との関連を見つけたときは確認する。そんな相互行為の中で、理解は深まっていくのです。

どんな内容であっても「著者の言ったことだから」と鵜呑みにしてはいけません。そういう態度は昔から軽蔑されてきました。"Ipse dixit."「ご自身が仰った」という言葉をご存じでしょうか？　これはピタゴラスの弟子たちの言い草だったとか。自分が説明できなくなると"Ipse dixit."「ピタゴラス先生ご自身が仰った（ことだから疑ってはいけない）」と言って、質問者を無理矢理黙らせようとしたらしい。これは全然ダメな態度ですね。本を読む行為は、組織で指示や命令を与えるような権力関係ではありません。

むしろ「知っている人」が「知らない人」に対して懇切丁寧に答えるのが原則です。「知っていること」を笠に着てエラソーな態度を取るような著者は、すぐ読まれなくなります。「知っている人」と「知らない人」の立場は対等などころか、「知っている人」が「知らない人」に配慮することを求められます。その意味では、「ややこしい本」はむしろreaders friendlyにすべきですし、そうなっているはずなのです。

「知らない人」は、そこで分かったこと、理解したことを元に、さらに先に進んでいくのが目的です。どこまで何をどういうふうに理解したか、分かっていないと次に進めません。だから、そこまで理解したことをまとめ、そこから先も想像できるように訓練をする必要があるのです。それが前章までの内容でした。

自分の理解力と合うか合わないかで「ややこしさ」は変わる

ただ、著者の立場から言うと、どういう読者を予想するかで配慮するレベルも変わってきます。たとえば、専門的な学術論文では、その話題を読者が「ほぼ知っている」ところからスタートするのが普通です。問題の所在を明らかにして確認し、これまでにこんな諸説が言われてきたと整理したら、すぐ言いたいことに入る。それでも「オレもその問題を考えていたんだよ」という専門的読者が集まる。たとえ興味を持つ読者が世界で数人しかいなくとも、必ず仲間がいるはずです。

読む方としても、問題が何かさえ分かったら、そして、それが自分の長年考えてきた問題と関連すると分かったら、先行研究のパートなどを読むのはそこそこにして（そんなことは、当然、自分も知っているからです！）、すぐ本文の検討に入っていきます。納得できなかったり疑義があったりしたら、遠慮会釈なく思いっきり批判する。それが学術論文を読むときの正しいお作法です。

とはいえ、我々が取り上げている「ややこしい本」は、専門家にしか近づけないという存在ではありません。少なくとも商業ベースで出版される本なら、数百～数千人程度ぐらいの読者がいるはずだと予想して出版されます。だから、必ずしも専門家とは言えない人々も読者になる可能性がある。としたら、著者は、本の記述をどのレベルにしたらいいか？　悩ましいところですね。易々とついてこられる内容なら全然スリリングではないし、難しすぎて途中で投げ出されるのでは元も子もありません。「たぶんこのくらいのレベルなら大丈夫だろう」と予想しながら書いていくのですが、残念ながら、しばしば予想は外れたり、たとえ当たっていても、そのレベルに合わせてやさしく書く技術が著者になかったりします。

「ややこしい本」のレベル設定は難しい
↓
読者の理解力としばしば合わない

ガイド役はいた方がいい

だから「ややこしい本」を読むときには誰かガイド役がいると便利です。理解が困難なときに「こんなふうに読めばいいのでは？」と助け船を出してくれる存在です。大学のゼミナールなどで読むときは、だいたい、教師がそのガイド役をつとめてくれます。難読箇所になると「これは、こんな意味にもとれるよね」などとアドバイスしてくれる。すると、その先を読むのがぐっと楽になるわけです。

そもそも「ややこしい本」を読もうと思ったきっかけが「大学でのゼミ」だったということは少なくありません。まず自発的に読んでからゼミを受講するのが理想でしょうけど、たいていはそうはならない。自分で読もうとしても疑問ばかりが山積して途中で挫折する。悶々としたままゼミに出席するとやっと読み方のコツが分かり、もう一度読み直す。でも、それを次のゼミで発表すると「違うんじゃない？」と批判されてガッカリ……そんなことの繰り返しが通常ではないでしょうか？　それでも、そんなことを続けているうちに、徐々に内容が身体にしみこんできて、文章が何を言おうとしているのか、見当がついてくる。

教えられなくても勝手に学ぶ

必ずしも教師が快刀乱麻に解釈してくれるのがいいとは言えません。それどころか、先生だって解釈に困る場合は「どうなんでしょうね？　皆さんはどう考えますか？」なんて、学生に振ってくる場合も少なくない。そうすると、出席している中でちょっと頭の良い人が「それは、こう考えればいいのではないでしょうか？」と解決してくれることもしばしば。これでも、ゼミの役目として十分ＯＫです。むしろ、先生が自分の解釈を抑えた方が、学生は自分で考えようとするでしょう。そうやって、難読箇所に対する解釈力が養われるわけです。

「読む」とは、結局自分で考える力をつけることが最終目的なので、教師は、必ずしも正確な情報を伝達しなくてもよい。「反面教師」という言葉にもある通り、極端なことを言えば、パワハラさえしなければ「悪い教師」だって役には立つ場面があるのです。そういえば、有名な精神分析家ジャック・ラカンも「無知ゆえに不適格である教授はいたためしがありません。人は知っている者の立場に立たされている間はつねに十分に知っているのです。誰かが教える者としての立場に立つ限り、その人が役に立たないということは決してありません」（『フロイト理論と精神分析技法における自我』（下）岩波書店）と言っています。つまり、教師とは学生自身が考えられる状況を作る役目を担っているのであり、知識の有無で教師になるわけではないのです。

読む＝自分で考える → 教師は知らなくてもよい → 教師＝考えられる状況を作る人

レベルが同じ同輩同士で読むメリット

だとしたら、「ややこしい本」を読んで考える状況が成立するためには、卓越した知識を持つガイド役がいなくてもいいはずです。むしろ、技量が同じくらいの人が集まって、読書会（昔の言葉で「会読」とも言います）スタイルで行うこともできます。その方が議論も楽しく活発になるかもしれない。「エライ先生」の言うことを拝聴するために行儀良くする必要はないし、「私語禁止」と怒られることもないし、むしろ、その本に対する「私語」だけでできているのが「読書会」「会読」です。

話している内容が、その本に関係することなら、むしろ「私語」は大歓迎。「ここで言っていることは本当なのか？」「もう少し分かりやすく言うとどうなるか？」「どうも、理屈が分からない」「カントは文章の才能がないんじゃないか？」などと言いたい放題。たとえ、名著と言われている本でも、有名な著者も"Ipse dixit."も関係なし。とにかく疑問をぶつけたり、自分なりの解決法を編み出したりする。そういう率直さが同輩同士の良さでしょう。

名著に対する遠慮がなくなる→読む反応の範囲が拡がる

その辺の呼吸が分かっている教師は、大学などのゼミでも、あえて自分の解釈は出さず、むしろ、参加者の議論に任せて、進行役（ファシリテーター）に徹する人もいます。本を読むということは自発的な行為なので、最初から「これはこういう解釈だ」と決めつけると拡がりが出ないからです。

読書会を利用して完読する

とすれば、まず一度自分で読んでから読書会に参加する、などと意気込まなくてよいかもしれません。むしろ、どうしても読めないときには、当日担当の発表者の報告を聞きながら、あわてて読むぐらいの状態でも悪くはないのです。人間の気持ちは不安定なもので、初めのうちは「よーし、読むぞ！」などと張り切っていても、さまざまな事情で追いつかず、一気に嫌になることがあります。そういうときには無理しないで、最低レベルでいいので、とりあえず全体の進行についていきましょう。

そうしているうちに、また興味を引かれる部分が出てくるので、そのときには頑張る。その代わり、そういう箇所が出てくるまで、なるべく休まないで出席を続ける。逆に言うと、何回出席しても面白い部分が出てこないときは、実はその本はあなたに向いていないのかもしれません。

読書会では意気込みすぎない → 気分が乗らなくても出席する → 面白くなる部分が現れる

低空飛行でも半年も続けていると、いつの間にか一冊読み終わります。一人で読めなくなったら、他人や集団の力を借りて読めばよいのです。それは恥ずかしいことでも何でもありません。素直に満足感に浸ればいいのです。

メモや要約から発見につなげる

皆で読むときは、その日の担当者や進行役がメモや要約（レジュメと言います）を作るといいでしょうね。どんな形式でもいいのですが、内容が一目で分かるように、箇条書きやフロー・チャート、あるいは模式図などを使うとよりよいでしょう。たとえば、段落の最初の一文は段落の内容を短くまとめてあることが多いので、段落冒頭をまとめて並べるだけでも全体の構造が分かる場合があります。そんな試行錯誤を繰り返しているうちに、自分なりのレジュメの作り方が分かってくる。

私が今でも覚えているのは、現在、某有名大学の法制史の教授をしている友人が、学生時代に作ってきたレジュメです。マルクス『資本論』の価値と労働時間と労働強度の関係を立方体の形でまとめ、そこから剰余価値がどのように生み出されてくるか図示したものでした。理解の深さとともに、その作図の見事さにはうならされました。

読書会では、ときどき、そういうクリーン・ヒットが出てきます。自分の読み方がシェイプアップされて「やったー！」という感じがする。教師から指示されて気づくのと、自分たちで気づくのとでは全然喜びが違います。どんなささやかなものでも、何か新しい発見があると、その達成感でうれしくなるものなのです。

いずれにしろ、「今、何を論じているか？」「どこに言及しているか？」を明確にし、出席者が共有できるためにも、まとめ＝レジュメは必須です。口頭での議論は、しばしば話題があちこち飛んで散漫になります。というより、むしろ口頭での議論の良さは、あちこちに話題が拡がって思いもよらない結びつきが見えることなので、「散漫」になること自体は悪いことばかりではありません。それでも、話題が拡がりすぎて、どこに行ってしまったのか着地点が見えなくなることもあるので、レジュメを見れば元に戻って本筋から外れないで済みます。船が漂流しないためのアンカーの役目を果たすわけですね。

時代が変わると本の意義も変わる

たとえ「名著」であっても、そのすべての内容に賛成できるとは限りません。名著と言っても、たいていは書かれた時代や地域の影響を強く受け、現代日本の読者にそのまま適用できないことも多いでしょう。たとえば、マルクスの『資本論』はまがうことなき名著でしょうが、書かれたのは150年も前なので、その内容をすべて鵜呑みにはできません。例やデータも現代ほどの正確さはない。

だから、私も学生時代に最初に読んだときは19世紀の悲惨な労働状況などぴんと来ず、フィクション混じりではないのか、もう現代社会で克服された昔話なんじゃないか、と感じたものです。ところが、21世紀になって状況はひっくり返りました。「新自由主義」が横行して格差が開き、貧困やワーキング・プアあるいはブラック企業などが前景化する一方、「自己責任論」や「生産性の低さ」などの言説が横行し、労働環境は悪化の一途をたどりました。『資本論』どころか、小林多喜二の小説『蟹工船』など、労働者の悲惨な状況を告発したプロレタリア文学まで新たな実感をもって読めるようになりました。書物は同じ内容なのに、時代状況の変化に応じて、新しい意味が出てきたのです。

他人と語り時代と語る

ただ、時代の変化は自分一人だけだと気づかないことも少なくありません。個人々々で、生活実感も信条も偏っています。当然、理解の盲点も出てくるでしょう。明確に書いてあるのに読めなかったり、深く考えないで読み飛ばしたりする。金持ちは貧乏の悲惨さは分からないし、労働者は経営者の気苦労は分からない。というより、いくら経営者の苦労に同情してもブラックな職場を変える気力は出てこないでしょう。

事情を知る人から「こういう例もあるんだよ」と言われて、初めて「ああ、そういうつながりがあったのか⁉」と気づくことも多いのです。私は、職業柄、個人のそれまでの仕事上の悩みなどを聞くことがあるのですが、どんな職場にも特有の細かい問題があり、話を聞くと興味は尽きません。一定の記述をめぐって、生活環境や信条が違う他者と話すことは、その箇所を多面的に検討するきっかけになります。その意味で言うと、「ややこしい本」は、著者と読者との対話だけではなく、むしろ、一緒に読む人との対話を通して時代や状況と対話するための道具でもあるのです。

記述について生活環境や信条が違う他者と話す
↓
現代・状況と対話する

とくに名著である「ややこしい本」は、そういう対話が何度でも繰り返されたいわくつきの書物です。たとえば、ルネ・デカルトの『方法序説』はあまりにも有名ですが、その第六部は人間の身体を扱っており、内容は当時は最先端かもしれないが、現代科学では完全に否定され、『方法序説』を読むときは第六部をスルーすることが推奨されます。また、そのデカルトの記述の不完全性をめぐって、後年スピノザが徹底的に批判したりする。ただ、そんな紆余曲折を経つつもこの本が読み継がれているのは、そこに述べられた「方法的懐疑」などの発想が、今でも我々の発想や思考の有益なヒントになるからです。

だから読書はクリエイティヴである

その意味で「ややこしい本」の解釈は、決められた一定の意味しか持っていないわけではありません。むしろ、その意味は、時代や個人によって変わるし、新しい意味を帯びてくるのです。

たとえば、かつてアメリカでベストセラーになった“The Great Books”という本は、中年になった新聞記者が休職して、母校のコロンビア大学に再入学し、学校の授業で読まされる「世界の名著」の感想を書いていくというルポルタージュです。著者は、それを「内面の冒険」と名づけます。名著に触れることで、自分の心がさまざまに動き、リフレッシュされる。人生経験を持った大人がそういう気持ちになることは少ないので、著者が興奮するのはよく分かります。

たとえば、シェイクスピアの『リア王』の項では、自分の母親が、自分のアパートの浴槽で死亡しているのを見つけたというエピソードから始めています。つまり、この戯曲を昔のイングランドの国王の悲劇と捉えるのではなく、現代都市で生き延びる高齢者とそれを取り巻く人々に共通する問題だと受け取るわけです。このような読み方が妥当かどうかは別としても、主人公リアの怒りに満ちた奇矯な言動を、半分認知症が混じったような母親の言動と比較しながら「高齢者とのつきあい方」という視点から読むことで、自分の問題として捉えられるのは確かでしょう。

そういえば、シェイクスピアの『マクベス』では、演出家蜷川幸雄は時代設定を安土桃山時代に変え、大きな仏壇に見立てた舞台を作りました。その結果、舞台は、過去の亡霊たちがよみがえり、彼らの体験した残虐な歴史が再び物語られる場所となりました。その夢幻的な雰囲気は能にも通じ、マクベスの物語が日本の雰囲気の中によみがえる思いがしたものです。演出とは、既存の戯曲を読み替えて新しいイメージを創造する作業でしょう。古い作品に新しい解釈を試み、作品の多様性と魅力を増す。古典戯曲を演出するには、こういう「読み直し」が不可欠です。今まで行われていない読み直しであればあるほど、作品の独創性・創造性が際立つ。

現代に即しつつ、誰もが知る作品からどんな未見の魅力を引き出すのか、演出家の仕事の醍醐味はそこにあります。

「ややこしい本」を読む作業も、その意味で演出家の仕事に似ています。評価が定まった本の中に、時代に対応した新しい読み方を発見し、新しい意義を見つける。とすれば、読書とは、単なる受け身の作業ではなく、むしろクリエイティヴな作業になるはずです。

名著を読む
↓
自分に新しい世界を開く
↓
他者と共有する
↓
クリエイティヴな作業

人に語ることで理解を深める

そういう作業のためには、他人と話すことは最高の舞台です。どんな質問や反応でも許されるし、参加する人々は、共通の時代背景を背負いつつも、それぞれに異なる生活背景を持ちます。そこから出てくる疑問も提案も解釈も、否応なく現代の意味合いを帯びつつ互いに対立します。そこから出てきたさまざまな読み方を相互にぶつけることで、当初は思いもよらなかった読み方が可能になる。どこまで新しい読み方ができるか、その限界を探る過程はドキドキワクワクの時間となるでしょう。

とは言っても、この段階にたどりつくまでがなかなか大変です。とくに、最初の部分は、著者がいろいろ「ほのめかし」を仕込んだり、先行研究との比較をしたりするので、極端に読みにくくなりやすい。たとえば、哲学者マルティン・ハイデガーの『存在と時間』も、初めの百数十頁が過去の「時間論」、とくに、アリストテレスの議論の吟味に当てられています。もちろん、アリストテレスの議論は、さらに彼に先行するプラトンやピタゴラスの説を前提にしている。これでは、ハイデガーを読む前に、アリストテレスを読まなくてはならず、アリストテレスを読むには、その前のプラトンやピタゴラスを読まなくてはならない。いつになったら目的のハイデガー独自の見解にたどりつけるのやら……。

こういう場合では、とくに複数で読むことのメリットが出てきます。「ややこしい本」の読書会では、たいてい誰か一人ぐらい当該分野にオタク的にくわしい人がいるものです。そういう人に、この部分のまとめを頼めば、自分は途中で挫折して読めなくなっても、レジュメを眺めるだけで読んだ気になれるし、自分が担当で読んでサッパリ分からなかったとしても、誰かが秘蔵の知識を披露して突破口が開けるのです。「なるほど、そういうことか！」と膝を打つとともに、「この次は、自分ももう少しマシな報告をしたい」と感じるようになるでしょう。こういう相互啓発が大事なのです。

バカに思われていい、批判よりブレイン・ストーミングを

大原則は「自己批判の気分に陥らない」ことです。「自分はまだ修業中の身だから／知識が足りないから／よく理解できないから」他の人の考え方を聞くだけにしようといった態度だけでは面白いアイディアは出てきません。多少バカげているかもと感じても、その意見が場を活性化させることはよくあります。アイディアを出すときにブレイン・ストーミングという技法がよく使われますが、そこでも大切なのは、何でも一応発言してみること、他人の意見を批判しないことです。

むしろ、よく知っている人やファシリテーターは、多少的外れのハチャメチャな意見が出されても、それを整理して方向づけできなければなりません。それができないようでは、深く理解していることにはなりません。その意味で、「よく知らない」人のコメントや質問は、「よく知っている人」にとっても、自分の理解の深さを試す重要なポイントなのです。有能なファシリテーターほど、よく知らない人の発言をうまく利用して全体の問題意識につなげることができます。その意味で、よく知らない人も安心して発言してほしいものです。

知らない人のコメントへの応答 → 知っている人の理解の深さを表す

思考は対話からしか生まれない

人間の思考力や判断力は完全ではないので、どんなに深く予想しても、それを覆す疑問は必ず出てきます。だから、「ややこしい本」を書こうとする人は、わざと、それに関連する本の「読書会」を催し、さまざまな疑問を出席者から事前に出してもらって、自分の執筆に生かす、ということもよく行われます。脱線も多くなるのですが、だいたい読者が感じる方向が予想できて書きやすくなるのです。

その意味で言うと、完全に一人きりで書き手が書いた本など、現代にはほとんどありません。たいていは草稿を編集者などに読んでもらって、意見や疑問点を挙げてもらいます。よく、前書きに「この本は××年の○○講座が元になっている。△△には、草稿を読んでもらって、いろいろ意見を言ってもらった」などと謝辞が述べられています。「三人寄れば文殊の知恵」と言いますが、皆が一つの話題について「ああでもない、こうでもない」と意見を披露し合う集まりが、面白くならないわけがありません。

プラトンの対話篇の魅力

実際、プラトンの対話篇『饗宴』は、「愛とは何か？」をテーマにして、いろいろな人が集まって、それぞれの意見を開陳するというしくみの本ですが、何千年も読み続けられています。もちろん、古代ギリシアのことですから、今の我々には納得できない変な主張も妙な神様にかこつけた言い回しもたくさん出てきます。それでも、いろいろなキャラクターの登場人物たちが、口角泡を飛ばして「愛とは何か?」を真剣に論じ、さらには「実は君のことが好きだったんだ!」と互いに告白し合う光景は刺激的です。

「ややこしい本」を読む作業も、たった一行の解釈にこだわり、口角泡を飛ばして議論する。もちろん、出てくる意見の中には明らかな間違いや、どうかと思われるような珍妙なものもありますが、それも、だいたい時間が解決してくれます。次回までに、誰かが調べてきて、疑問が解消されることも少なくありません。分からなければ、不審げな顔をしているだけでも、ファシリテーター役が「何か意見があるのですか?」と聞いてくるでしょう。それに勇気づけられて自分の疑問を口に出してみる……そのプロセスだって、自分がボンヤリと感じていたものが、明確な形になるという大事なプロセスなのです。

対話の中で意見を言う＝自分が感じていたことを明確な形にする

自発性を引き出す読み方

「本を読む」ことは徹底的に自発的な作業です。自分が「なるほど！」と納得して、初めて先に進めます。その「理解」を各人が持ち寄って互いに吟味する。人によって読み方が違い、投げかける疑問もさまざまなので「ここをどう読むか？」「正しい読み方はどれか？」という解釈も変わってきます。他人の意見や解釈を聞いていて、その「なるほど！」感が得られるのなら、「読書会」のような集まりでアウトプットする価値は十分あるのです。

こういうやり方は、一つのテキストに注釈をつける作業と似ているかもしれません。注釈とは、その一文あるいは一語がどのような意味を持っているか、を確定する作業ですが、同じテキストが注釈によって、まったく見え方が違ってくる。たとえば、イスラム教にスンニ派とシーア派という区別がありますが、両派の違いは、同じコーランという聖典の読み方が全然違うことにも現れています。コーランの注釈書は、一字一句に注がつき、その注釈の文章が、本文のまわりにとぐろを巻いて印刷されているのだとか。本をめぐって無数の言葉たちがうごめく様子が可視化できると思います。

一つの本を、いろいろな人が「こう読めばいいのではないか？」「こう読んだ方が、意味が通るのではないか？」と工夫しつつ、読み進めていく。こうした熱心な本の読み方が宗派の違いを作り、歴史の方向まで変えたと考えれば、読むという行為は世界を変える力さえも持っているこ とが分かります。

この項でのポイント

- 「ややこしい本」は会読して対話するのがおすすめ
- 生活背景が違えば、解釈も変わる
- さまざまな解釈を比較して多面的に捉える
- 読むことはクリエイティヴな行為である
- 対話の中で意見を言うのは自分の感じ方を明確化する機会である

⑪文学はどう読むのか？――物語を豊かに読む

さて、今までは論理的文章を主にして述べてきましたが、最後に、物語や文学についてもお話ししておきましょう。文学でも「ややこしい本」は確実に存在します。F・ドストエフスキーの作品など超絶に長いし、そういう難解な物語や文学の好例かもしれません。こういう本を読むときは、どうしたらいいでしょうか？

一つの方法は、わざとゆっくり読むことです。物語や小説は、どんなものでも、論理的文章より速く読めます。ドストエフスキーの『罪と罰』や『カラマーゾフの兄弟』など相当長いのですが、最初はちょっと読むのに苦労しても、最終的には数日もあれば最後まで読めるつくりになっています。また、そういうスピード感を持って読まないと、面白くないという人もいるでしょう。私も、実はその一人です。ただ、ストーリーを理解するだけなら、そういう読み方でもいいかもしれませんが、それだと読み落とすところも多くなるのです。

小説は、時間を含む形式

なぜ、小説では速読みが可能になるかというと、物語が時間の流れに沿って進む具体的な事件という形式であることと関係しています。ある出来事が始まると、それに続く事柄が自動的に準備され、時期が来ると自然に引き起こされ、それがさらに別の事件を自動的に引き起こし……と、芋づる式に事件が発生します。もちろん、それぞれの事件の内容は、前から予想のつく範囲、あるいは、それをちょっとだけ超える内容になるため、読む方でもある程度予想がつくので、どんどん加速がついてくるわけです。

それに対して、論理的文章には時間が含まれません。前の文から、予想がつくのは論理的展開だけで直感的ではないので分かりにくいのです。それぞれのパートは、接続詞などで、いちいちつなぎ方が指定され、そのつなぎ方を確認しながらでなければ読み進められません。しかし、物語にはこの煩わしさがありません。接続詞などなくても時間に沿って読み進められるから、「文章には接続詞を使うな」などという暴論を吐く文豪もいたくらいです。

論理的文章のつなぎ方 ＝ 接続詞で制御される → 接続詞を確認しつつ読み進める

子ども時代の読書体験が幸せだったのは、この物語独特のスピード感があるからでしょう。物語世界の中にどっぷり浸かって、場面が次々に変わるのをパノラマのように体験できる。読んでいる自分を忘れ、自分の生活の辛さを忘れ、物語の中の主人公のように感じる。だから、読書する子どもは、さまざまな場所でさまざまな姿勢で読み続けます。机の下で、ベッドの中で、押し入れの中で、トイレの中でひたすらストーリーを追いかける……という具合になりやすい。こういう忘我の瞬間は、たしかに読書好きの原点でしょう。

ストーリーを追いかけるだけでいいのか？

しかし、大人になったら、たとえ物語でも、ストーリーを追いかける読み方だけでは飽き足りなくなります。なぜなら、小説や物語の魅力はストーリー展開だけではない、と分かってくるからです。キャラクターの面白さや描写の妙、あるいは奇抜な比喩や語り方など、じっくり読むと感じられることがいろいろあります。

物語を楽しむ要素 → ストーリー ＋ キャラクター ＋ 比喩・文体 ＋……

たとえば、ドストエフスキーの中編小説『地下室の手記』は、ストーリー的にはたいした起伏はありません。前半は、中年の男がグダグダと自分の部屋の中で悪態をついているところ、後半は、その男が、友人と飲みに行って煙たがられ、それから売春宿に行って冴えない女性と同衾するというだけの話です。

この作品の面白さは、圧倒的に前半の悪態にあります。あらゆるものに文句を言って軽蔑しまくる。果ては、悪態をつく自分も「バカだ！」と罵る。自分の言うことが結局自分自身を否定する言葉になっていて（俗に「ブーメラン」と言いますね）、この作品は、全体がブーメラン構造をしています。その語り口のしくみに気がつくと、この作品は俄然面白くなるのです。

> 僕は病んだ人間だ……僕は人間が意地悪だ。魅力のない人間だ。僕は、肝臓が悪いのだと思う。しかしである、僕は自分の病気についてちっともわからないし、どこが悪いのやら確かなことは知らない。医学や医者を尊敬しているとはいえ、治療は受けていないし、一度も医者にかかったことはない。そのうえ、僕はまた極端なまでに迷信深い。なに、少なくとも医者を尊敬するぐらいだから。……違うんだ、うん、僕は意地悪だから治療したくないんだ。……率直に、正直に答えていただきたい。……誰が生きているか。ばかと悪党が生きているのだ。僕はすべての老人に面と向かってそう言う、すべての尊敬すべき老人に、すべての銀髪の、薫り高き老人に！　全世界に向かって言うんだ！　僕にはそう言う権利がある、自分が六十歳まで生き長らえるのだから。七十まで生きぬくんだ！　八十まで生きぬくんだ！
>
> （F・ドストエフスキー『地下室の手記』冒頭）

まず、自分を「魅力のない人間」だと卑下しつつ、他人を「ばかと悪党」と口を極めて罵り、しかし、自分もその一員になるつもりだ、と一回りする。自己主張が自己否定になり、それがまた自己肯定になる、というグルグル巻きの複雑なしくみになっています。論理的にはムチャクチャですが、それをあえて一緒にしているところに、語り手の主人公の一筋縄ではいかない性格が表れます。

キャラクターやスタイルへの注目

ドストエフスキーの作品に出てくる主人公は、だいたい、こういう自己矛盾を抱えたキャラクターになっています。だから、有名な『罪と罰』も、単なる殺人犯の告白などには終わらない。ロシアの文芸理論家ミハイル・バフチンによれば、その魅力は、主人公ラスコーリニコフが絶え間なく行っている「自己との対話」にある、と言います。

たとえば、母親が自分のことを心配して手紙を寄こして、息子の健康が心配なので、そのうち様子を見に行きたいなどと言います。そこで、ラスコーリニコフは母親がやってきたらどういうことになるだろう、と思い巡らします。母親はきっとこう言うだろう、それに対して自分はこんなことを言うはずだ、果ては、そこに妹がいたらどんなふうに口を挟んでくるか、自分はどんな言葉を彼らに投げつけるだろうか、そんなことを考えると止まらなくなり、うろうろとペテルスブルグの町をほっつき歩くわけです。

常識的な読みに反した読み方に気づく→ゆっくり読まねばならない

従来、『罪と罰』では金貸しの老婆を殺すという衝撃的ストーリーに「人間は他人を殺していいのか？」などと倫理的な問題を読み取り、哲学的、倫理学的あるいは社会学的に考察する読み方が主流だったのですが、バフチンはむしろ、こうしたラスコーリニコフの堂々巡りの思考の表現にこそ注目すべきだと言います。予想し、構想し、反論を立て、その可能性を追求し、あらためてそれを否定して、意外な結論にたどりつき、呆然とする。そんな自己との対話を果てしなく続けながら、しだいしだいに老婆を殺さねばならぬ、という確信に引き寄せられていく。その「内的独白」のプロセスこそラスコーリニコフそのものなのだし、ドストエフスキーの独創なのだ。それは、人物を外側から確定的に描いて、淡々と物語世界を作っていくトルストイの物語の対極にある（『ドストエフスキーの詩学』ちくま学芸文庫）と主張するのです。

わざと遅く読んで気づく

こういうバフチンの読み方が正しいかどうかは別として、こんなところに気づくには、もう「若者が悩んで老婆を殺す」というストーリーだけを理解してもどうにもなりません。むしろ、いろいろな描写をうろうろ拾い読みして、あれこれ考えつつ読んでいかなければ、こんなアイディアは思いつきません。

そのためには、わざと遅く読む、という工夫も必要になるでしょう。速く読んだら気づかないところも、ゆっくり読めば別の景色が見えてくる。ちょうど新幹線で行くと気づかない景色も、鈍行で行くとゆっくり味わえるようなもので、物語や小説も、わざとぐずぐずして読まないと見えてこないものがあるのです。

わざとゆっくり読む → ストーリーと別の景色に注目する

こういう読み方では、自分にブレーキをかけるために、他人のチェックが必要になる場合も出てきます。何せ放っておくとどんどんスピードがついてくるのですから、「おい、その読み方でいいのか？」と止めてくれる人がいないと、一面的な読み方になってしまいがちです。逆に、自分だけならばさっと読み飛ばすところでも、やたらこだわる人がいると「なぜ、そんなところにこだわるのか？」と逆に気になって読み返すでしょう。その結果、その人と同じ読み方にならなくても、また別な一面に気づくということはよくあるのです。一緒に読んで、他人と話し合う効用は、こういうところにもあるのです。

文芸批評を読んで一般化する

手近に一緒に読んでくれる人がいない場合は、その物語を扱った文芸批評を読むのもよいでしょう。先ほどのバフチンの『ドストエフスキーの詩学』の解釈を読めば、ニーチェの影響とか実存主義的解釈とか、よくある哲学的な「ドストエフスキー解釈」がちょっと古くさく感じられ、自分が知らず知らずのうちにはまっていた陳腐な読み方を反省させられる機縁にもなります。

さらにためになるのは、文芸批評は、ただ「私はこの物語をこう読みます」という例示だけではなく、それを一般化・理論化しているところです。『ドストエフスキーの詩学』も、単にドストエフスキー作品の解釈にとどまらず、後半では、それを「ソクラテスの対話」と「メニッポスの風刺」という用語を使って、文学に普遍的な形式として分析しています。

とすれば、このあり方はドストエフスキーに限らないでしょう。むしろ、世界文学の中の一つのジャンルとして考えられるかもしれません。一つの作品を読む経験にとどまらず、我々の読書体験全体を変える、ということもあり得ます。たとえば、私がバフチンを読んだ後、「ドストエフスキーと似ている！」と感じたのは、太宰治の語り方です。

私は、犬については自信がある。いつの日か、かならず喰《く》いつかれるであろうという自信である。私は、きっと噛《か》まれるにちがいない。自信があるのである。よくぞ、きょうまで喰いつかれもせず無事に過してきたものだと不思議な気さえしているのである。諸君、犬は猛獣である。馬を斃《たお》し、たまさかには獅子《しし》と戦ってさえこれを征服するとかいうではないか。さもありなんと私はひとり淋しく首肯《しゅこう》しているのだ。あの犬の、鋭い牙《きば》を見るがよい。ただものではない。いまは、あのように街路で無心のふうを装い、とるに足らぬもののごとくみずから卑下して、芥箱《ごみばこ》を覗《のぞ》きまわったりなどしてみせているが、もともと馬を斃すほどの猛獣である。いつなんどき、怒り狂い、その本性を暴露するか、わかったものではない。犬はかならず鎖に固くしばりつけておくべきである。

（太宰治『畜犬談』冒頭）

太宰治と言えば、『人間失格』など自己を卑下するような暗いイメージを持つ人がいるかもしれませんが、この文章はユーモラスですね。ドストエフスキーに比べれば、調子はだいぶ明るく、自己否定的な雰囲気も少ない。それでも、この語り口は『地下室の手記』の冒頭部分によく似ています。「諸君」という聞き手を相手にして、犬に対する誇大な妄想を次々に繰り出す。しかも、その物語り方たるや、「自信がある」を自慢して「かならず喰いつかれるであろう」と情けない状態に落着させる。「よくぞ、きょうまで喰いつかれもせず無事に過してきたものだ」と妙な人生の感慨に浸り、「いつなんどき、怒り狂い、その本性を暴露するか」と過大に脅え、「犬はかならず鎖に固くしばりつけておくべき」と決意をあらたにする。

まるで、俳優が演技するように、一文一文がくっきりした形をもって、しかもやや大げさな身振りで迫ってきます。これも物語に注目するだけだと「奇妙な文章だな、犬嫌いの人なのか？」というぐらいの感想しか持てないでしょう。たとえ、その面白さに気づいていても、明確に言葉化できないと、そのまま「奇妙な語り口」という一般的な感想に埋もれてしまいます。むしろ、この箇所を何度も読み返して、そのリズムを感じとり、バフチンの主張と比べる中で、しだいに実感をもって感じられるのです。

文芸批評を読む → 自分の感想を相対化する → 実感を深める

外国語で読む意外な効能

このように、読むスピードにわざとブレーキをかけて、いろいろなところに気づく瞬間を増やす、という方法は他にもあります。簡単なのは、母語で書かれた作品を母語ではなく外国語で読むという方法です。母語と比べて読むスピードは格段に落ちます。同じ箇所を何度も読まなければ意味が分からない場合もしばしば。しかし、そのために、部分々々の感じはかえってくっきりと見えてきます。

私は太宰の『人間失格』を英語で読んだことがありますが、日本語で読んだときの陰鬱な感じがきれいさっぱりとなくなって、主人公の行動原理が、日本語より明確に、むしろ積極的に感じられるのに驚きました。「逃げる」行動にしても、英語で読むとなぜかアクティヴに感じられるのです。さらに、その印象について外国の友人と話すと「自分は、なぜ主人公に対してあんなに女性たちがやさしく接するのか、まったく理解できない」という反応が出てきました。自国語で読むと、主人公の惨めさにばかり注目して、彼を受け入れる女たちの行動に目が行っていなかったのです。ビックリしました。

大人になると、物語は、ストーリーに興奮するより、細部を味わいつつ理解を深めていく方が得るものが多くなります。極端なことを言うと、全体を通して読まなくてもよく、一部分についいて想像を膨らませればいいのです。そういえば、かつては「詞華集」anthologyという形式があり、いろいろな名文を並べて、その違いを鑑賞する、というタイプの本がありました。まるで、美術品や骨董品を、その文様や手触りを確かめつつ眺めるように、物語も、語り方や描写という細部に注目しつつ読んでいく。そこから、主人公のキャラクターや行動原理に思いを馳せ、自分の来し方行く末と比べてみる。最終的には、それらをまとめて全体を評価する。

そんな読み方ができたら、いかにも「大人の読み方」と言えそうですね。

詩歌の鑑賞の真髄

もしかしたら、こんなふうに物語の主たる要素であるストーリーから離れて、その表現や情感、技法などに着目しつつ読むというあり方は、詩歌の鑑賞体験に近づくことなのかもしれません。短歌にしろ俳句にしろ、作品が表しているストーリーはたいして興味深くも波瀾万丈でもありません。恋愛と四季の移り変わり、あるいは、人間ならば、誰でも体験する生老病死などが、詩歌のテーマです。ただ、それを、言葉を選んで述べることで、我々の生きている意味がくっきりと浮かび上がってくる。たとえば、歌人河野裕子の辞世の歌。

> 手をのべてあなたとあなたに触れたきに息が足りないこの世の息が

病床で死を前にして詠んだ歌。でも、それが分かったとて、この歌について何かを理解したことにはならないでしょう。おそらく、この歌の中心は「息が足りないこの世の息が」という下の句です。もちろん「息」は「生き」にもつながる。「息が足りない」「生きる時間が足りない」「生きる力が足りない」という感じなのでしょうか？　まだ、もう少し生きていたいのに、もう少しこの世で出会った人たちとつながっていたいのに、それがもはやかなわないもどかしさ。

人間の生死は日常生活の一部です。何も珍しいことではありません。毎日たくさんの人が生まれ、たくさんの人が死んでいきます。ただ、死の体験はその人だけのものなので、誰にも共有できません。死は徹底的に個別的な体験です。そこにたどりつく前に、人間はいろいろな人と出会い、家族や友人にも恵まれるかもしれない。それが生きる喜びの実質となる。それでも、そういう関係もいつか死によって切断され、絶対的な個人に戻ると同時に自分という存在もなくなる。絶対的な個人に戻ることが、自分という存在の消失でもある、という逆説……などと、さまざまな言葉が心に浮かんできます。

この河野裕子の歌が心に響いてくるとしたら、そういう自分の死を間近に予想しておののいている自分、つまり人間としての生の不安と恐れを、「息が足りないこの世の息が」というリフレインが的確に表しているからでしょう。「手をのべてあなたとあなたに触れたきに」というささやかな願いも切ないですね。触れたいのは三人称の誰かではなく、「あなた」と呼びかける二人称の誰かです。そういえば、この世で出会う人はすべて「あなた」という人が基本でしょう。名前などどうでもいい。

この歌を読む人は、「息」という言葉を使うごとに、この歌を思い出し、やがて来るに違いない自分の死に思いを馳せ、一度も会ったことはなくても、歌人の最期の思いを想像する。そんなふうに心がざわめくのかもしれません。もう一つ、短歌を引いておきましょう。

野茂がもし世界のＮＯＭＯになろうとも君や私の手柄ではない（枡野浩一）

ユーモラスな口調のようですが、ちょっとドキッとさせられる歌です。「野茂」という野球選手は、もともと日本でプレーしていたのですが、日本の野球界に嫌気がさして、後にアメリカの大リーグで活躍した草分けのピッチャーです。我々は、スポーツ・イベントでは「日本人選手」というとわけもなく応援したりする。その活躍が、まるで自分が活躍したような気を引き起こすのでしょうが、野茂選手がアメリカに行ったときは、まるで「裏切り者」扱いで、マスコミの扱いもひどいものでした。しかし、彼は、そんな日本での評判と関係なく黙々と努力して、一流の選手として認められ「ＮＯＭＯ」とアルファベットで言われるようになりました。

そうすると、またマスコミも、彼に対して「日本を捨てた！」などと悪口を言っていたことをころりと忘れ、「日本人として誇らしい！」などと、またまた薄っぺらな言葉で英雄扱いするのです。そんな手前勝手な人間たちを、この歌は「君や私の手柄ではない」とばっさり切り捨てる。そうすることで、軽薄に騒ぐ人々から自分を切り離し、安直なナショナリズムを相対化するとともに、個人として自分を確立しようとする姿勢を鮮明にするのです。

言葉に敏感になって生き直す

言葉は、すべて公共のものです。「自分」と書いたところで、それは「自分」にはならない。読んだ人が、それぞれの「自分」を想像するだけです。それが言葉の持つ宿命と言えるでしょう。だから、言葉はもっとも簡単な現実さえも表すことができない、とも言えます。逆に、だからこそ、言葉は現実に何らかの人間的な意味を与えることにつながるのです。ちょっとした言葉の片鱗にも、過去の人々の与えた意味が宿り、自分もその遺産を利用して世界を感じることができる。そういう意味では、言葉そのものが対話の集積なのです。

もし、この本で展開したような「ややこしい本を読む」ことで、こういう対話が実感できるのであれば、日常に出てくる言葉の意味もすべて変わってきます。言葉を発することは、単なる自分の思い込みの表出ではなく、その裏に、それを成立させている共同の意味が宿っていることが感じられる。それと対話しつつ思考している自分も感じられる。そういう体験の全体が、「読む」ということの意味であり、自分が生きている実態であるわけです。「ややこしい本」を読むことは、単に役立つ情報を得ることではありません。むしろ、世界と自分に対する見方・捉え方を変えることであり、それは「ややこしい本」を読むという経験がなければ、けっして手に入れられない体験なのです。もし「教養」という言葉に意味があるとしたら、そういうふうに生きる意味を豊かにすることにあるのでしょう。

この項でのポイント

- フィクションでは時間軸がある
- 読む時間をわざと遅くするとストーリー以外が見える
- 言葉の背後の要素に気をつける
- 詩歌に近い読み方をする

読むべき「ややこしい本」リスト

※本文ですでに扱った本はリストに入れてありません。

以下に、おすすめの「ややこしい本」と、そのコメントを載せました。始めに思考を刺激して、ウォーミングアップになりそうな本、その後、世代ごとに読むべき著作を挙げてあります。「ややこしい本」の世界に分け入って思考の冒険をするガイドとしてご活用ください。

【手始めに】

内田樹『ためらいの倫理学』
　比較的短い形式の中で思考を飛躍させることで、自らの思考力を高める

柄谷行人『日本近代文学の起源』
　近代の常識を作り出したメカニズムを徹底的に考える。持続力についていきたい

W・ベンヤミン『複製技術時代の芸術』
　メディアの中で複製されたイメージに取り巻かれる現代社会を分析するための概念

J・コンラッド『闇の奥』
　アフリカの植民地で行われた残虐行為から社会の矛盾を暴く。映画『地獄の黙示録』原作

【10代で読む】

S・キルケゴール『おそれとおののき』
生きることの根源的な不安を言語化する試み。若いときに読むべき本
F・カフカ『審判』『流刑地にて』
雑多な生活の部分から全体原理がつかめないままに生きて死んでいく者たちの物語
S・フロイト『精神分析入門』
心の不思議さを考える仮説。人間の心を考察する際の見方を決定した書物
浜井浩一『刑務所の風景』
刑務所は「悪人」を収容する施設になっているか？　現実と想定のずれを告発する
R・カプシチンスキ『黒檀』
アフリカ政治に起こる混乱を描きながら、想定を超えた超現実を提示する
内田百閒『東京日記』
夢と幻想を描写することで、自己の感覚と体験を拡大する短編集
太宰治『津軽』『女生徒』
ユーモアで自分から距離を取る、とりとめのない自分を見つめて定着させる言葉

【20代で読む】

井筒俊彦『イスラーム文化―その根柢にあるもの』
異文化の原理を理解するための碩学による最良の入門書

プラトン『ゴルギアス』
何でも論破できるという人に限界を認めさせる。対話的方法のパワーを実感する一冊

宇野弘蔵『経済原論』
マルクスを手がかりに、経済を体系的・論理的に整理する日本の経済学者の格闘

K・マルクス『経済学・哲学草稿』
現代社会の生きづらさの元になっているものは何か？　考えるための「疎外」概念

R・デカルト『省察』
『方法序説』が提示した方法を適用して、神の存在証明と心身問題を考える試み

T・クーン『科学革命の構造』
科学は真実を発見できる方法なのか？　地動説の確立プロセスをたどりながら検証する

J・バージャー『見るということ』
芸術はたんに美的な経験ではない。社会科学的発想から「見る」ことの意味を考察する

【30代で読む】

M・フーコー『性の歴史』『監獄の誕生』
　権力についての捉え方を一変させた著作。『性の歴史』から読み始めると分かりやすい
G・W・F・ヘーゲル『法の哲学』
　個人と社会、国家の関係を徹底的に考えつめる。ヘーゲルの著作の中では具体的
G・フローベール『ボヴァリー夫人』
　結婚した女性が、自らの空虚を打破するために実行した生活上の冒険とその挫折
I・カント『道徳形而上学原論』『実践理性批判』
　なすべきこととは何か？　一般的な原理を探究する近代的個人の試み
マックス・ウェーバー『支配の諸類型』
　官僚制・カリスマ支配・伝統的支配など、現代組織を考察するための基本概念を提供
F・ソシュール『一般言語学講義』
　言語は何を表せるか？　何が理解できるか？　現代の言語論の基礎
網野善彦『無縁・公界・楽』
　日本人は権力者の支配・介入から自由をどう確保したのか？　歴史的で冷静な考察

【40代で読む】

J・カエサル『ガリア戦記』

的確な行動描写と簡潔な文体の妙を味わう。ノンフィクションはこうありたい

K・マルクス『資本論』第一巻

資本主義社会の分析の基礎。冒頭の価値形態論は難しいので、その後から読み始める

丸山眞男『日本政治思想史研究』

近世日本における政治思想のスリリングな変遷を儒学・国学からたどる

J・S・ミル『自由論』

個人はどこまで自由を実現できるのか？　社会はどこまで個人に介入できるか？

J・ロールズ『正義論』

公平な社会を原理的に構想する。フェアとは何か、を考える現代の最も重要な一冊

E・サイード『オリエンタリズム』

西洋は東洋（中近東）をどのように捉えたか？　他者を怪物化するメカニズムを描く

R・ホーフスタッター『アメリカの反知性主義』

アメリカの伝統的気分である「反知性主義」と宗教との関係を活写した名著

【50・60代・70代……で読む】

『福音書』『論語』『コーラン』
　どれも名高いが、全体を読んだ人は少ないだろう。各宗教の原理を比べる体験
M・ハイデガー『存在と時間』
　生きる上での最大の問題「時間」の主体的な把握とは何か？　主張は意外にもシンプル
S・トゥールミン、A・S・ジャニク『ウィトゲンシュタインのウィーン』
　ウィーンで花開いた文化の豊かさ。知的で自由な交友がいかに文化を創るかが分かる
アリストテレス『ニコマコス倫理学』
　幸福に達するためにどんな徳が必要なのか？　極端を避けて「中」を追求する
B・スピノザ『エチカ』
　感情をどう捉えるべきかを、数学の定理のように推論を積み重ねることで示す
紫式部『源氏物語』
　快楽と感覚に生きる人々の生とその結末をさまざまに味わう。できれば原文で読みたい
F・ドストエフスキー『カラマーゾフの兄弟』
　最初だけはグズグズ、後は急転直下のストーリー展開。読書の興奮を再体験する

あとがき

いかがでしたでしょうか？　ドストエフスキーの小説ではないですが、途中ちょっとハードなところも出てきたかもしれませんが、最後に向けてはサラサラと読めたのではないか、と思います。とくに、ピケティのところは、それまで縷々《るる》述べてきた技法を使って、自分ながら簡潔に説明ができたのではないか、という気がしています。

この本は、草思社の吉田充子さんのご提案から生まれました。彼女とは、今まで「論文の書き方」と「接続詞の使い方」について二冊作ってきて、いずれも楽しく書けました。とはいえ、自分は比較的「筆が速かった」はずなのに、この本については何だかグズグズと迷っていて、吉田さんも「もう無理なんじゃないか」と途中で感じていらした、とか。お待たせする結果になって申し訳ない気持ちが残っています。辛抱強く待っていただいたことに対しては、感謝の念しかありません。

とくに、今度の本を書くために、トマ・ピケティの本を完読する経験を得たのは。私にとって幸運でした。あれほどのベストセラーになって、『ピケティを読む』などという解説本もあまた出ていたので、どんなに難解な本なのか、と身構えたのですが、実際読んでみると意外にも極めてシンプルな作りになっていて、「ややこしい本」の定石にピタリとはまっています。

本来なら、解説本の必要もない明晰な書きぶりになっていることに感心しました。やはり「ややこし」くても、その背後にある文章作法は共通なのだ、という感を深くしました。

その意味で言うと「ややこしい本」は、実は、まったくややこしくありません。ややこしいように見えても、その骨格は、きちんとした定式に則っています。もちろん、著者も人間ですから、脱線や回り道もあるかもしれませんが、それでも、定式をきちんと理解して自分がどこを読んでいるか、さえ自覚すれば、「ややこしい本」の「ややこしさ」は軽減されて、著者の抱いている問題意識や解決法がより容易に直観されるしくみになっています。それなのに、そういう基本を押さえた読み方が、なぜ、日本では未だに広く共有されていないのか、私は不思議でなりません。実際、エッセイessayさえも、グローバル基準では、日本で言う「随筆」ではなく、一定のパターンや構造が存在するのです。

もちろん、この方法は私の独創ではありません。その理解の方法については、今までさまざまな師匠たちが指導してくれました。もちろん、生身の人だけでなく、読んだ本からの学びも大きかったと思います。深く感謝したいと思います。ここで提唱した方法は、ひとつの手がかりにすぎませんが、それでもきちんと理解して応用していただければ、「ややこしさ」のかなりの部分はなくなるはずです。

巻末の読書リストには、長谷眞砂子さんの助言も入っています。偏りがちな私の好みを是正し、より客観的なものになったと思います。願わくは、この本を読んでくれた読者の方々からも、「ぜひこの本を読むべきだ！」「この本が入っていないのはおかしい！」というアドバイスをいただければと思います。新しい「ややこしい本」に出会うのは、私にとって、今でもワクワクする経験だからです。

2024年初夏　神保町にて

吉岡友治

著者略歴――――
吉岡友治 よしおか・ゆうじ
宮城県仙台市生まれ。東京大学文学部社会学科卒、シカゴ大学大学院人文学科修士課程修了、比較文学・演劇理論専攻。竹内演劇研究所、駿台予備学校・代々木ゼミナール講師、大学講師などを経て、現在は、神田神保町 VOCABOW office で、法科大学院・MBA の志望者、企業などに対する論理的文章の指導を行い、インターネット小論文添削講座「VOCABOW 小論術」も主宰。
著書に『シカゴ・スタイルに学ぶ論理的に考え、書く技術』『文章が一瞬でロジカルになる接続詞の使い方』（共に草思社）、『東大入試に学ぶロジカルライティング』『ヴィジュアルを読みとく技術』（共にちくま新書）、『だまされない〈議論力〉』（講談社現代新書）、『法科大学院小論文 発想と展開の技術』（実務教育出版）、『必ずわかる！「○○主義」事典』（PHP 文庫）など多数。

「VOCABOW 小論術」URL: http://www.vocabow.com
e-mail: office@vocabow.com

ややこしい本を読む技術

2024年 7月4日 第1刷発行
2024年10月1日 第3刷発行

著　者　吉岡友治
装幀者　渡邊民人（TYPEFACE）
発行者　碇　高明
発行所　株式会社 草思社
〒160-0022　東京都新宿区新宿1-10-1
電話　営業 03(4580)7676　編集 03(4580)7680

本文組版　長谷眞砂子
印刷所　中央精版印刷株式会社
製本所　中央精版印刷株式会社

ISBN978-4-7942-2731-7 Printed in Japan 検印省略